최신 회계원리 해답

이종태 저

교육과학사

머리말

회계학은 기업활동에 종사하는 사람, 또는 어떠한 형태로든 기업과 관련이 있는 사람에게 필요한 학문으로 그 중에서도 회계원리의 역할이 가장 크다고 할 수 있다. 회계원리란 말 그대로 회계의 기본원리로서 거래의 발생에서 재무제표의 작성에 이르는 일련의 과정에서 습득하여야 하는 원리를 말한다.

또한 회계원리는 회계학을 전공하고자 하는 학생들이 처음 접하는 과목으로 회계학에 대한 흥미는 회계원리에 의해 좌우된다고 할 수 있다. 회계원리가 이해되지 않으면 재무회계, 세무회계, 회계감사 등 회계학의 수준 높은 다음 단계로 이행할 수가 없다. 본서는 이러한 점을 염두에 두고 가능한 한 쉽게, 그리고 전체적인 흐름을 이해할 수 있도록 전개하려고 노력하였다.

본서는 모두 4부로 구성되어 있다.

제1부 회계의 기초에서는 회계의 의의 · 목적 · 영역에 대해 언급하고, 회계원리에서 알아야 할 기초적인 개념과 회계원리의 최종목적인 재무제표의 내용을 정리하였다.

제2부 회계의 순환과정에서는 거래가 발생되어 재무제표가 작성되기까지의 과정에 대해 처음에는 서비스업의 간단한 예에 의해 살펴보고, 다음으로 상품매매회사의 예를 들어 구체적인 회계의 순환과정을 설명하였다.

제3부 계정과목별 회계처리에서는 재무제표를 구성하고 있는 각 계정과목별로 그 회계처리 및 보고절차에 대해 살펴보았다. 제2부 회계의 순환과정에서는 재무제표의 작성까지의 전체적인 흐름을 대충 파악하는 반면, 제3부 계정과목별 회계처리에서는 재무제표 각 구성요소의 상세하고 구체적인 회계처리를 이해하게 된다.

제4부 재무제표의 작성 및 활용에서는 제2부와 제3부에서 살펴본 내용을 종합하여 결산정리분개의 내용을 정리하고, 종합예제로 회계의 순환과정에 대한 최종 복습을 하도록 구성하였다. 또한 재무제표를 이해하고 활용하기 위한 재무제표의 분석방법에 대해 다루었다.

본서는 저자가 십수 년간 회계원리를 강의하면서 느껴 온 교재의 어려움을 극복하려고 많은 노력을 기울였다. 서점에는 수많은 회계원리의 교재가 나와 있지만, 분량이나 내용면에서 너무 많은 것을 요구하고 있다는 것을 느꼈다. 따라서 가능한 한 분량을 축소하고 내용은 충실히 하려고 노력하였다.

분량의 축소에는 성공하였다고 보이지만, 내용면에서는 다음 단계인 중급회계의 어느 수준까지 회계원리에서 다루어야 하는지 명확하지 않아 한계가 있는 것으로 생각된다. 따라서 회계의 순환과정에서 꼭 필요한 결산정리분개와 관련되는 부분만 강조하려고 노력하였고, 현금흐름표와 관련되는 내용은 과감히 생략하였다.

모쪼록 본서를 통하여 회계학의 첫발을 내딛는 독자 여러분이 회계학을 쉽게 접근할 수 있기를 기대하며, 본서의 출간을 흔쾌히 허락해 준 교육과학사의 김동규 사장님, 이주표 부장님 이하 편집에 수고하신 직원 모두에게 감사의 말씀을 드린다.

앞으로 본서의 내용에 대한 많은 조언을 부탁드리며, 끊임없는 노력으로 독자 여러분에게 보답할 것을 다짐하는 바이다.

2018년 2월

저자 씀

머리말

연습문제 해답

제1장 회계의 의의 · 목적 · 영역

객관식

[1-1] ② 영리를 목적으로 하는 상법상의 기업(합명, 합자, 유한, 주식회사)뿐만 아니라 비영리기업과 조합도 모두 포함된다.

[1-2] ③ 국민소득회계는 거시회계에 해당되는 것으로 거시회계에는 이외에도 국제수지회계 등이 있으며, 사회회계 또는 국민경제계산이라고도 한다.

[1-3] ① 조합은 상법상의 회사에 해당되지 않는다.

[1-4] ④ 경영자는 회계정보의 공급자인 동시에 수요자인 내부정보이용자에 해당된다.

[1-5] ② 회계정보이용자를 중심으로 한 회계분야는 재무회계와 관리회계로 구분된다. 재무회계는 외부정보이용자를 위한 회계분야이며, 관리회계는 내부정보이용자를 위한 회계분야이다.

[1-6] ③ 회계는 특정 이해관계자에게 유리한 정보를 제공하기 위한 목적이 아니라 기업과 관련된 다양한 이해관계자들이 경제적 의사결정을 하는데 유용한 정보를 제공함으로써 희소한 자원의 효율적 배분이 가능하도록 하는 역할을 한다.

[1-7] ④ 재무회계는 일반목적 재무제표를, 관리회계는 특수목적 재무제표를 생산하는 회계시스템이다.

제2장 회계의 기초개념

객관식

[2-1] ②

[2-2] ② 계속기업의 가정은 기업은 목적하는 바를 달성할 수 있는 충분한 기간까지 청산하지 않는다는 가정으로 역사적 원가주의의 근거가 된다.

[2-3] ③ 발생주의는 현금의 유출 · 유입과 무관하게 수익은 실현주의에 따라 비용은 대응의 원칙에 따라 인식하는 것을 말한다. 그러나 ③과 같이 실제 현금잔액과 장부상의 잔액의 차이를 현금과부족계정으로 기록하고 이후에 그 원인불명인 경우 잡이익 또는 잡손실로 처리하는 것은 발생주의와 무관하다.

[2-4] ④ 기간구분에 대한 가정은 인위적으로 회계연도를 구분함으로써 회계정보의 적시성있는 정보를 제공하여 목적적합성을 제고하기 위한 가정이다.

제3장 재무제표

객관식

[3-1] ③ 한국채택국제회계기준에서 규정하고 있는 기본적인 재무제표 중 네 가지는 재무상태표, 포괄손익계산서, 현금흐름표, 자본변동표이다.

[3-2] ④ 포괄손익계산서의 비용은 수익 · 비용대응의 원칙에 따라 관련된 수익이 인식되는 시기에 인식하며, 관련 수익과 직, 간접적으로 대응하여 인식한다. 따라서 간접적 대응방식으로는 발생즉시 비용으로 처리하거나 체계적이고 합리적인 방법으로 배분하여 비용으로 인식한다.

[3-3] ④ 유형자산처분손실 계정은 포괄손익계산서 계정으로 마감분개를 통해 집합손익 계정으로 마감된 뒤, 미처분이익잉여금 계정으로 대체되어 재무상태표에 기록된다.

[3-4] ②, ①, ③, ④는 재무상태표 계정이며, ②는 포괄손익계산서 계정이다.

[3-5] ② 한국채택국제회계기준에서 요구하거나 허용하지 않는 한 자산과 부채, 수익과 비용은 상계하지 않는 것이 원칙이다.

[3-6] ② 이연계정으로 선급비용계정에 해당된다. 이연계정은 미래에 발생할 비용에 대한 것을 미리 지급하는 경우 계상되는 계정이다.

[3-7] ① 실질적인 계정과목이 확정되지 않은 경우 가지급금, 가수금 계정을 설정한다.

주관식

[3-11]

재무상태표

A사　　　　20××년 12월 31일 현재　　　　(단위: 원)

〈자 산〉		〈부 채〉	
현 금	100,000	단기차입금	200,000
유가증권	200,000	매입채무	300,000
매출채권	300,000	미지급법인세	100,000
재고자산	150,000	부채총계	600,000
건 물	500,000		
비 품	250,000	〈자 본〉	
		자 본 금	500,000
		자본잉여금	100,000
		이익잉여금	300,000
		자본총계	900,000
자산총계	1,500,000	부채와 자본총계	1,500,000

[3-12]

재무상태표

B사　　　　20××년 12월 31일 현재　　　　(단위: 원)

〈자 산〉		〈부 채〉	
현 금	200,000	외상매입금	200,000
외상매출금	300,000	지급어음	150,000
받을어음	250,000	미지급금	100,000
대 여 금	150,000	장기차입금	500,000
미 수 금	200,000	부채총계	950,000
건 물	600,000		
비 품	300,000	〈자 본〉	
		자 본 금	800,000
		이익잉여금	250,000
		자본총계	1,050,000
자산총계	2,000,000	부채와 자본총계	2,000,000

[3-13]

(1) 기초 자본금

기말 자산총액 = 50,000 + 450,000 + 130,000 + 500,000 + 150,000 + 200,000 + 160,000 = ₩ 1,640,000

기말 부채총액 = 200,000 + 150,000 + 120,000 + 300,000 = ₩ 770,000

∴ 기말 자본총액 = 1,640,000 − 770,000 = ₩ 870,000

기말 자본금 = 기말 자본총액 − 당기순이익 = 870,000 − 100,000 = ₩ 770,000

∴ 기초 자본금 = 기말 자본금 − 기중 증자액 = 770,000 − 200,000 = ₩ 570,000

(2) 기초 부채총액

= 기초자산 − 기초자본 = 1,200,000 − 570,000 = ₩ 630,000

[3-14]

구분	기말자산	기말부채	기말자본	기초자본	수 익	비 용	당기순이익
1	32,000	**8,000**	**24,000**	18,000	26,000	20,000	**6,000**
2	20,000	10,000	**10,000**	**12,000**	8,000	10,000	**− 2,000**
3	**15,000**	6,000	9,000	**7,000**	**7,000**	5,000	2,000
4	10,000	**3,000**	7,000	5,000	9,000	**7,000**	**2,000**

[3-15]

포괄손익계산서

A사 20××년 1월 1일부터 20××년 12월 31일까지 (단위 : 원)

과 목	금 액	
1. 매출액		900,000
2. 매출원가		(500,000)
3. **매출총이익**		400,000
4. 판매비와 관리비		
급여	150,000	
보험료	20,000	
광고선전비	30,000	
임차료	50,000	
감가상각비	100,000	(350,000)
5. **영업이익**		50,000
6. 영업외수익		
이자수익	200,000	
임대료	30,000	230,000
7. 영업외비용		
이자비용	50,000	(50,000)
8. **법인세비용차감전순이익**		230,000
9. 법인세비용		(100,000)
10. **당기순이익**		130,000

[3-16]

재무상태표

B사 20××년 3월 31일 현재 (단위 : 원)

〈자 산〉		〈부 채〉	
현 금	50,000	외상매입금	120,000
유가증권	160,000	지급어음	100,000
외상매출금	150,000	단기차입금	150,000
받을어음	130,000	장기차입금	300,000
상 품	450,000	부채총계	670,000
토 지	200,000	〈자 본〉	
건 물	500,000	자 본 금	1,000,000
비 품	100,000	당기순이익	70,000
		자본총계	1,070,000
자산총계	1,740,000	부채와 자본총계	1,740,000

포괄손익계산서

B사 20××년 3월 1일부터 20××년 3월 31일까지 (단위 : 원)

과 목	금 액	
1. 매출액		900,000
2. 매출원가		(500,000)
3. **매출총이익**		400,000
4. 판매비와 관리비		
급여	150,000	
보험료	20,000	
광고선전비	30,000	
임차료	50,000	(250,000)
5. **영업이익**		150,000
6. 영업외수익		
이자수익	20,000	
임대료	40,000	60,000
7. 영업외비용		
이자비용	140,000	(140,000)
8. **당기순이익**		70,000

제4장 거래의 기록

객관식

[4-1] ×　　[4-2] ○　　[4-3] ×　　[4-4] ○

[4-5] ×　　[4-6] ○　　[4-7] ○　　[4-8] ×

[4-9] ○　　[4-10] ○

주관식

[4-5]

(1), (3), (4)

[4-6]

(1) 자산의 증가 – 자본의 증가

(2) 자산의 증가 – 자산의 감소

(3) 자산의 증가 – 자산의 감소

(4) 비용의 발생 – 자산의 감소

(5) 자산의 증가 – 부채의 증가

(6) 자산의 증가 – 수익의 발생

(7) 비용의 발생 – 자산의 감소

(8) 부채의 감소 – 자산의 감소
비용의 발생

(9) 비용의 발생 – 자산의 감소

(10) 자산의 증가 - 자산의 감소

[4-7]

		차변 과목	금액		대변 과목	금액
(1)	(차)	현　　금	1,000,000	(대)	자 본 금	1,000,000
(2)	(차)	건　　물	500,000	(대)	현　　금	500,000
(3)	(차)	비　　품	300,000	(대)	현　　금	300,000
(4)	(차)	광고선전비	100,000	(대)	현　　금	100,000
(5)	(차)	현　　금	300,000	(대)	단기차입금	300,000
(6)	(차)	외상매출금	500,000	(대)	매　　출	500,000
(7)	(차)	급　　여	100,000	(대)	현　　금	100,000
(8)	(차)	단기차입금	200,000	(대)	현　　금	210,000
		이자비용	10,000			
(9)	(차)	여　　비	10,000	(대)	현　　금	10,000
(10)	(차)	현　　금	200,000	(대)	외상매출금	200,000

현　금

차변	금액	대변	금액
자 본 금	1,000,000	건　　물	500,000
단기차입금	300,000	비　　품	300,000
외상매출금	200,000	광고선전비	100,000
		급　　여	100,000
		제　　좌	210,000
		여　　비	10,000

자본금

차변	금액	대변	금액
		현　　금	1,000,000

건　물

차변	금액	대변	금액
현　　금	500,000		

비　품

차변	금액	대변	금액
현　　금	300,000		

광고선전비

차변	금액	대변	금액
현　　금	100,000		

단기차입금

차변	금액	대변	금액
현　　금	200,000	현 금	300,000

외상매출금			
매 출	500,000	현 금	200,000

매 출			
		외상매출금	500,000

급 여			
현 금	100,000		

이자비용			
현 금	10,000		

여 비			
현 금	10,000		

[4-8]

(1)	(차)	현 금	400,000	(대)	자 본 금	900,000
		건 물	500,000			
(2)	(차)	보 험 료	100,000	(대)	현 금	100,000
(3)	(차)	광고선전비	50,000	(대)	현 금	50,000
(4)	(차)	현 금	200,000	(대)	매 출	200,000
(5)	(차)	단기대여금	100,000	(대)	현 금	100,000
(6)	(차)	현 금	110,000	(대)	단기대여금	100,000
					이자수익	10,000
(7)	(차)	외상매출금	300,000	(대)	매 출	300,000
(8)	(차)	현 금	200,000	(대)	외상매출금	200,000
(9)	(차)	당좌예금	100,000	(대)	현 금	100,000
(10)	(차)	현 금	200,000	(대)	자 본 금	200,000

현 금			
자 본 금	400,000	보 험 료	100,000
매 출	200,000	광고선전비	50,000
제 좌	110,000	단기대여금	100,000
외상매출금	200,000	당좌예금	100,000
자 본 금	200,000		

자 본 금			
		제 좌	900,000
		현 금	200,000

건 물

차변		대변	
자 본 금	500,000		

보 험 료

차변		대변	
현 금	100,000		

광고선전비

차변		대변	
현 금	50,000		

매 출

차변		대변	
		현 금	200,000
		외상매출금	300,000

단기대여금

차변		대변	
현 금	100,000	현 금	100,000

이자수익

차변		대변	
		현 금	10,000

외상매출금

차변		대변	
매 출	300,000	현 금	200,000

당좌예금

차변		대변	
현 금	100,000		

[4-9]

(1)	(차) 현 금	100,000	(대) 매 출	100,000
(2)	(차) 미 수 금	100,000	(대) 비 품	100,000
(3)	(차) 비 품	100,000	(대) 미지급금	100,000
(4)	(차) 외상매출금	100,000	(대) 매 출	100,000
(5)	(차) 매 입	100,000	(대) 외상매입금	100,000
(6)	(차) 대 여 금	100,000	(대) 현 금	100,000
(7)	(차) 현 금	100,000	(대) 차 입 금	100,000
(8)	(차) 선 급 금	100,000	(대) 현 금	100,000
(9)	(차) 현 금	100,000	(대) 선 수 금	100,000
(10)	(차) 선급비용	100,000	(대) 현 금	100,000

[4-10]

1/1	(차)	현 금	500,000	(대)	자 본 금	500,000
5	(차)	매 입	100,000	(대)	현 금	70,000
					외상매입금	30,000
7	(차)	외상매출금	200,000	(대)	매 출	200,000
10	(차)	당좌예금	300,000	(대)	현 금	300,000
19	(차)	급 여	30,000	(대)	당좌예금	50,000
		임 차 료	20,000			
21	(차)	외상매입금	20,000	(대)	당좌예금	20,000

제5장 결산 및 재무제표의 작성

객관식

[5-1] ① [5-2] ② [5-3] ③ [5-4] ③
[5-5] ② [5-6] ② [5-7] ③ [5-8] ②
[5-9] ①

주관식

[5-3]

잔액시산표

(단위 : 원)

차 변	계정과목	대 변
25,000	현 금	
45,000	당좌예금	
50,000	매출채권	
80,000	상 품	
150,000	건 물	
100,000	비 품	
	미지급금	40,000
	차 입 금	70,000
	자 본 금	285,000
	이자수익	30,000
	매 출	130,000
60,000	급 여	
20,000	보 험 료	
15,000	잡 비	
10,000	이자비용	
555,000		555,000

[5-4]

정 산 표

(단위 : 원)

계정과목	잔액시산표		포괄손익계산서		재무상태표	
	차 변	대 변	차 변	대 변	차 변	대 변
현 금	25,000				25,000	
당좌예금	45,000				45,000	
매출채권	50,000				50,000	
상 품	80,000				80,000	
건 물	150,000				150,000	
비 품	100,000				100,000	
미지급금		40,000				40,000
차 입 금		70,000				70,000
자 본 금		285,000				285,000
매 출		130,000		130,000		
이자수익		30,000		30,000		
급 여	60,000		60,000			
보 험 료	20,000		20,000			
잡 비	15,000		15,000			
이자비용	10,000		10,000			
당기순이익			55,000			55,000
합 계	555,000	555,000	160,000	160,000	450,000	450,000

[5-5]

정 산 표

(단위 : 원)

계정과목	잔액시산표		포괄손익계산서		재무상태표	
	차 변	대 변	차 변	대 변	차 변	대 변
현 금	54,000				(54,000)	
외상매출금	250,000				250,000	
단기대여금	100,000				100,000	
상 품	(96,000)				(96,000)	
건 물	300,000				300,000	
비 품	200,000				200,000	
외상매입금		150,000				150,000
단기차입금		200,000				200,000
자 본 금		(200,000)				(200,000)
매 출		600,000		(600,000)		
이 자 수 익		20,000		20,000		
급 여	100,000		100,000			
전 기 료	30,000		30,000			
집 세	15,000		15,000			
이 자 비 용	25,000		25,000			
당기순이익			(450,000)			(450,000)
합 계	(1,170,000)	(1,170,000)	(620,000)	(620,000)	1,000,000	1,000,000

[5-6]

잔액시산표

(단위 : 원)

차 변	계정과목	대 변
540,000	현 금	
600,000	외상매출금	
200,000	단기대여금	
100,000	선 급 금	
150,000	미 수 금	
500,000	건 물	
200,000	비 품	
	단기차입금	350,000
	선 수 금	150,000
	미 지 급 금	250,000
	자 본 금	1,000,000
	매 출	900,000
	이 자 수 익	20,000
200,000	급 여	
50,000	전 기 료	
100,000	광고선전비	
30,000	이 자 비 용	
2,670,000		2,670,000

[5-7]

(1) (차) 미수이자 100,000 (대) 이자수익 100,000

(2) (차) 선급보험료 200,000 (대) 보 험 료 200,000

(3) (차) 임 대 료 300,000 (대) 선수임대료 300,000

(4) (차) 급 여 400,000 (대) 미지급급여 400,000

[5-8]

(1)	(차)	이자수익	10,000	(대)	손 익	10,000
(2)	(차)	손 익	20,000	(대)	급 여	20,000
(3)	(차)	손 익	30,000	(대)	이익잉여금	30,000
(4)	(차)	이익잉여금	40,000	(대)	손 익	40,000

[5-9]

〈결산정리분개〉

(1)	(차)	급 여	100,000	(대)	미지급급여	100,000
(2)	(차)	선급보험료	30,000	(대)	보 험 료	30,000
(3)	(차)	미수이자	10,000	(대)	이자수익	10,000
(4)	(차)	임 대 료	20,000	(대)	선수임대료	20,000

〈정산표〉

정 산 표

(단위 : 천원)

계정과목	잔액시산표		결산정리분개		포괄손익계산서		재무상태표	
	차 변	대 변	차 변	대 변	차 변	대 변	차 변	대 변
현 금	150						150	
외상매출금	200						200	
단기대여금	100						100	
건 물	500						500	
비 품	300						300	
단기차입금		150						150
미 지 급 금		100						100
자 본 금		700						700
매 출		600				600		
이 자 수 익		20		10		30		
임 대 료		50	20			30		
급 여	200		100		300			
전 기 료	40				40			
보 험 료	100			30	70			
이 자 비 용	30				30			
계	1,620	1,620						
미지급급여				100				100
선급보험료			30				30	
미 수 이 자			10				10	
선수임대료				20				20
당기순이익					220			220
합 계			160	160	660	660	1,290	1,290

〈재무상태표〉

재무상태표

(단위 : 원)

과 목	금 액	과 목	금 액
현 금	150,000	단기차입금	150,000
외상매출금	200,000	미 지 급 금	100,000
단기대여금	100,000	미지급급여	100,000
선급보험료	30,000	선수임대료	20,000
미 수 이 자	10,000	부 채 총 계	370,000
건 물	500,000	자 본 금	700,000
비 품	300,000	이익잉여금*	220,000
		자 본 총 계	920,000
자산총계	1,290,000	부채 및 자본총계	1,290,000

* 이는 당기순이익 ₩220,000을 이익잉여금 계정에 대체하는 다음의 분개에 의한다.

(차) 손 익 220,000 (대) 이익잉여금 220,000

〈포괄손익계산서〉

포괄손익계산서

(단위 : 원)

과 목	금 액	
I. 매 출 액		600,000
II. 판매비와 관리비		
급 여	300,000	
전 기 료	40,000	
보 험 료	70,000	(410,000)
III. 영업이익		190,000
IV. 영업외수익		
이자수익	30,000	
임 대 료	30,000	60,000
V. 영업외비용		
이자비용	30,000	(30,000)
VI. 당기순이익		220,000

[5-10]

〈결산정리분개〉

(1)	(차)	선급급여	30,000	(대)	급　　여	30,000
(2)	(차)	보 험 료	20,000	(대)	미지급보험료	20,000
(3)	(차)	이자수익	10,000	(대)	선수이자	10,000
(4)	(차)	미수임대료	15,000	(대)	임 대 료	15,000
(5)	(차)	대손상각비	5,000	(대)	대손충당금	5,000
(6)	(차)	감가상각비	40,000	(대)	감가상각누계액	40,000

〈정산표〉

정 산 표

(단위 : 천원)

계정과목	잔액시산표		결산정리분개		포괄손익계산서		재무상태표	
	차 변	대 변	차 변	대 변	차 변	대 변	차 변	대 변
현 금	30						30	
유 가 증 권	20						20	
외상매출금	10						10	
받 을 어 음	15						15	
단기대여금	10						10	
상 품	40						40	
건 물	400						400	
감가상각누계액		30		40				70
비 품	250						250	
외상매입금		20						20
지 급 어 음		45						45
단기차입금		25						25
자 본 금		400						400
이익잉여금		30						30
매 출		300				300		
이 자 수 익		30	10			20		
임 대 료		20		15		35		
급 여	100			30	70			
보 험 료	10		20		30			
이 자 비 용	15				15			
계	900	900						
선 급 급 여			30				30	
미지급보험료				20				20
선 수 이 자				10				10
미수임대료			15				15	
대손상각비			5		5			
대손충당금				5				5
감가상각비			40		40			
당기순이익					195			195
합 계			120	120	355	355	820	820

〈재무상태표〉

재무상태표

(단위 : 원)

과 목	금 액	과 목	금 액
현 금	30,000	외상매입금	20,000
유 가 증 권	20,000	지 급 어 음	45,000
외상매출금	10,000	단기차입금	25,000
받 을 어 음	15,000	미지급보험료	20,000
대손충당금	(5,000)	선 수 이 자	10,000
단기대여금	10,000	부 채 총 계	120,000
선 급 급 여	30,000	자 본 금	400,000
미수임대료	15,000	이익잉여금	225,000
상 품	40,000	(당기순이익: 195,000)	
건 물	400,000		
감가상각누계액	(70,000)	자 본 총 계	625,000
비 품	250,000		
자 산 총 계	745,000	부채 및 자본총계	745,000

〈당기순이익을 이익잉여금 계정에 대체분개〉

(차) 손 익 195,000 (대) 이익잉여금 195,000

〈포괄손익계산서〉

포괄손익계산서

(단위 : 원)

과 목	금 액	
I. 매 출 액		300,000
II. 판매비와 관리비		
급 여	70,000	
보 험 료	30,000	
대손상각비	5,000	
감가상각비	40,000	(145,000)
III. 영업이익		155,000
IV. 영업외수익		
이자수익	20,000	
임 대 료	35,000	55,000
V. 영업외비용		
이자비용	15,000	(15,000)
VI. 당기순이익		195,000

제6장 상품매매회사의 회계순환과정

객관식

[6-1] ○ [6-2] × [6-3] ○ [6-4] ×

[6-5] ③ [6-6] ③

[6-7] ① 판매가능상품액= 기초상품재고액 + 순매입액 = 매출원가(X) + 기말상품재고액

₩ 250,000 = 매출원가(X) + ₩ 120,000

∴ 매출원가(X) = ₩ 130,000

[6-8] ③ 매출총이익 = 순매출액 − 매출원가

= (₩ 11,000,000 − ₩ 150,000 − ₩ 130,000)

− (₩ 2,800,000 + ₩ 9,000,000 − ₩ 500,000 − ₩ 150,000 + ₩ 260,000

− ₩ 3,400,000) = ₩ 2,710,000

* 매출상품의 운임은 판매비로 당기비용처리한다.

[6-9] ② 매출총이익 = 순매출액 - 매출원가

= (₩ 15,000 − ₩ 2,600) − (₩ 5,000 + ₩ 10,000 − ₩ 1,500 − ₩3,000) = ₩ 1,900

[6-10] ② 매출원가 = 기초상품재고액 + 당기순매입액 − 기말상품재고액

= ₩ 1,700,000 + (₩ 2,500,000 + ₩ 100,000 − ₩ 85,000 − ₩ 30,000)

− ₩1,300,000 = ₩ 2,885,000

[6-11] ⑤ 매출총이익 = (총매출액 -매출환입액) - 매출원가

= (총매출액 − ₩ 15,000) − (₩ 80,000 + ₩ 240,000 + ₩ 5,000

− ₩ 9,000 − ₩ 30,000) = ₩ 25,000

∴ 총매출액 = ₩326,000

[6-12] ③ 매출원가 = 기초상품재고액 + 당기순매입액 − 기말상품재고액

당기순매입액 = 당기총매입액 + 매입운임 − 매입할인 − 매입에누리와 환출

= ₩ 230,000 + ₩ 10,000 − ₩ 25,000 − ₩ 20,000 = ₩ 195,000

매출원가 = ₩ 50,000 + ₩ 195,000 − ₩ 36,000 = ₩ 209,000

주관식

[6-2]

〈계속기록법〉

(1)	(차)	상 품	300,000	(대)	현 금	300,000
(2)	(차)	상 품	500,000	(대)	외상매입금	500,000
(3)	(차)	현 금	600,000	(대)	매 출	600,000
		매출원가	300,000		상 품	300,000
(4)	(차)	외상매출금	800,000	(대)	매 출	800,000
		매출원가	500,000		상 품	500,000

〈실지재고조사법〉

(1)	(차)	매 입	300,000	(대)	현 금	300,000
(2)	(차)	매 입	500,000	(대)	외상매입금	500,000
(3)	(차)	현 금	600,000	(대)	매 출	600,000
(4)	(차)	외상매출금	800,000	(대)	매 출	800,000

[6-3]

사 업 장	A	B	C	D
매 출 액	150,000	200,000	**(170,000)**	300,000
기초상품재고액	20,000	**(40,000)**	**(60,000)**	50,000
당기상품매입액	100,000	130,000	150,000	180,000
기말상품재고액	30,000	50,000	80,000	**(70,000)**
매출원가	**(90,000)**	**(120,000)**	130,000	**(160,000)**
매출총이익	**(60,000)**	80,000	40,000	140,000

[6-4]

(1) 매출원가 = 기초상품재고액 + 당기상품매입액 − 기말상품재고액

= 200,000 + 1,300,000 − 400,000 = ₩1,100,000

(2) 결산정리분개

(차)	매출원가	200,000	(대)	상 품	200,000
(차)	매출원가	1,300,000	(대)	매 입	1,300,000
(차)	상 품	400,000	(대)	매출원가	400,000

상 품

전기이월	200,000	매출원가	200,000
매출원가	400,000		

매 입

당기매입	1,300,000	매출원가	1,300,000

매 출		매출원가	
	당기매출 2,000,000	상 품 200,000	상 품 400,000
		매 입 1,300,000	

(3) 포괄손익계산서 작성

포괄손익계산서

(단위 : 원)

과 목	금 액	
I. 매 출 액		2,000,000
II. 매출원가		
1. 기초상품재고액	200,000	
2. 당기상품매입액	1,300,000	
3. 기말상품재고액	(400,000)	(1,100,000)
III. 매출총이익		900,000

[6-5]

(1) 기말상품재고액 = 기초상품재고액 + 당기상품매입액 − 매출원가

= 300,000 + (500,000 + 450,000) − (350,000 + 550,000)

= ₩350,000

(2) 계속기록법에 의한 분개

		차변	금액		대변	금액
①	(차)	상 품	500,000	(대)	외상매입금	500,000
②	(차)	외상매출금	500,000	(대)	매 출	500,000
		매출원가	350,000		상 품	350,000
③	(차)	외상매입금	300,000	(대)	현 금	300,000
④	(차)	현 금	400,000	(대)	외상매출금	400,000
⑤	(차)	상 품	450,000	(대)	외상매입금	450,000
⑥	(차)	외상매출금	800,000	(대)	매 출	800,000
		매출원가	550,000		상 품	550,000

* 매출총이익 = 매출액 − 매출원가

= (500,000 + 800,000) − (350,000 + 550,000)

= ₩400,000

(3) 실지재고조사법에 의한 분개

①	(차)	매　　입	500,000	(대)	외상매입금	500,000
②	(차)	외상매출금	500,000	(대)	매　　출	500,000
③	(차)	외상매입금	300,000	(대)	현　　금	300,000
④	(차)	현　　금	400,000	(대)	외상매출금	400,000
⑤	(차)	매　　입	450,000	(대)	외상매입금	450,000
⑥	(차)	외상매출금	800,000	(대)	매　　출	800,000
⑦	(차)	매출원가	300,000	(대)	상　　품	300,000
		매출원가	950,000		매　　입	950,000
		상　　품	350,000		매출원가	350,000

* 매출총이익 = 매출액 − 매출원가

= (500,000 + 800,000) − (300,000 + 950,000 − 350,000)

= 1,300,000 − 900,000

= ₩400,000

[6-6]

〈결산정리분개〉

		차변	금액		대변	금액
(1)	(차)	매출원가	500,000	(대)	상　품	500,000
		매출원가	700,000		매　입	700,000
		상　품	600,000		매출원가	600,000
(2)	(차)	대손상각비	20,000	(대)	대손충당금	20,000
(3)	(차)	감가상각비	80,000	(대)	감가상각누계액	80,000
(4)	(차)	선급보험료	20,000	(대)	보 험 료	20,000
(5)	(차)	집　세	10,000	(대)	미지급집세	10,000
(6)	(차)	이자수익	30,000	(대)	선수이자	30,000

〈정산표〉

정 산 표

(단위 : 천원)

계정과목	잔액시산표		결산정리분개		포괄손익계산서		재무상태표	
	차 변	대 변	차 변	대 변	차 변	대 변	차 변	대 변
현 금	50						50	
매 출 채 권	400						400	
단기대여금	200						200	
상 품	500		600	500			600	
건 물	800						800	
매 입 채 무		450						450
단기차입금		300						300
대손충당금		50		20				70
감가상각누계액		80		80				160
자 본 금		1,000						1,000
매 출		900				900		
이 자 수 익		60	30			30		
매 입	700			700	0			
급 여	50				50			
보 험 료	100			20	80			
이 자 비 용	40				40			
계	2,840	2,840						
매 출 원 가			500	600	600			
			700					
대손상각비			20		20			
감가상각비			80		80			
선급보험료			20				20	
집 세			10		10			
미지급집세				10				10
선 수 이 자				30				30
당기순이익					50			50
합 계			1,960	1,960	930	930	2,070	2,070

〈재무상태표〉

재무상태표

(단위 : 원)

과 목	금 액	과 목	금 액
현 금	50,000	매 입 채 무	450,000
매 출 채 권	400,000	단기차입금	300,000
대손충당금	(70,000)	미지급집세	10,000
단기대여금	200,000	선 수 이 자	30,000
선급보험료	20,000	부 채 총 계	790,000
상 품	600,000	자 본 금	1,000,000
건 물	800,000	이익잉여금	50,000
감가상각누계액	(160,000)	자 본 총 계	1,050,000
자 산 총 계	1,840,000	부채 및 자본총계	1,840,000

〈당기순이익을 이익잉여금 계정에 대체분개〉

(차) 손 익 50,000 (대) 이익잉여금 50,000

〈포괄손익계산서〉

포괄손익계산서

(단위 : 원)

과 목	금 액	
Ⅰ. 매 출 액		900,000
Ⅱ. 매 출 원 가		
1. 기초상품재고액	500,000	
2. 당기상품매입액	700,000	
3. 기말상품재고액	(600,000)	(600,000)
Ⅲ. 매출총이익		300,000
Ⅳ. 판매비와 관리비		
급 여	50,000	
보 험 료	80,000	
집 세	10,000	
대손상각비	20,000	
감가상각비	80,000	(240,000)
Ⅴ. 영업이익		60,000
Ⅵ. 영업외수익		
이자수익	30,000	30,000
Ⅶ. 영업외비용		
이자비용	40,000	(40,000)
Ⅷ. 당기순이익		50,000

[6-7]

〈결산정리분개〉

(1)	(차)	매출원가	300,000	(대)	상　　품	300,000
		매출원가	6,000,000		매　　입	6,000,000
		상　　품	500,000		매출원가	500,000
(2)	(차)	미수이자	20,000	(대)	이자수익	20,000
(3)	(차)	대손상각비	30,000	(대)	대손충당금	30,000
(4)	(차)	감가상각비	90,000	(대)	감가상각누계액	90,000
(5)	(차)	선급보험료	50,000	(대)	보 험 료	50,000
(6)	(차)	소 모 품	30,000	(대)	소모품비	30,000

〈정산표〉

정 산 표

(단위 : 천원)

계정과목	잔액시산표		결산정리분개		포괄손익계산서		재무상태표	
	차 변	대 변	차 변	대 변	차 변	대 변	차 변	대 변
현 금	250						250	
외상매출금	600						600	
단기대여금	400						400	
상 품	300		500	300			500	
토 지	500						500	
건 물	900						900	
외상매입금		100						100
단기차입금		600						600
대손충당금		40		30				70
감가상각누계액		180		90				270
자 본 금		2,000						2,000
매 출		7,000				7,000		
이 자 수 익		40		20		60		
매 입	6,000			6,000	0			
급 여	700				700			
보 험 료	150			50	100			
소 모 품 비	100			30	70			
이 자 비 용	60				60			
계	9,960	9,960						
매 출 원 가			300	500	5,800			
			6,000					
미 수 이 자			20				20	
대손상각비			30		30			
감가상각비			90		90			
선급보험료			50				50	
소 모 품			30				30	
당기순이익					210			210
합 계			7,020	7,020	7,060	7,060	3,250	3,250

〈재무상태표〉

재무상태표

(단위 : 원)

과 목	금 액	과 목	금 액
현 금	250,000		
외상매출금	600,000	외상매입금	100,000
대손충당금	(70,000)	단기차입금	600,000
단기대여금	400,000		
미 수 이 자	20,000	부 채 총 계	700,000
선급보험료	50,000		
소 모 품	30,000	자 본 금	2,000,000
상 품	500,000	이익잉여금	210,000
토 지	500,000		
건 물	900,000	자 본 총 계	2,210,000
감가상각누계액	(270,000)		
자 산 총 계	2,910,000	부채 및 자본총계	2,910,000

〈당기순이익을 이익잉여금 계정에 대체분개〉

(차) 손 익 210,000 (대) 이익잉여금 210,000

〈포괄손익계산서〉

포괄손익계산서

(단위 : 원)

과 목	금 액	
Ⅰ. 매 출 액		7,000,000
Ⅱ. 매 출 원 가		
1. 기초상품재고액	300,000	
2. 당기상품매입액	6,000,000	
3. 기말상품재고액	(500,000)	(5,800,000)
Ⅲ. 매출총이익		1,200,000
Ⅳ. 판매비와 관리비		
급 여	700,000	
보 험 료	100,000	
대손상각비	30,000	
감가상각비	90,000	
소모품비	70,000	(990,000)
Ⅴ. 영업이익		210,000
Ⅵ. 영업외수익		
이자수익	60,000	60,000
Ⅶ. 영업외비용		
이자비용	60,000	(60,000)
Ⅷ. 당기순이익		210,000

[6-8]

1. 분개와 전기

〈분개〉

(1)	(차)	현 금	5,000,000	(대)	자 본 금	5,000,000
(2)	(차)	토 지	1,000,000	(대)	현 금	3,000,000
		건 물	2,000,000			
(3)	(차)	현 금	3,000,000	(대)	단기차입금	3,000,000

(4)	(차)	매　입	500,000	(대)	현　금	200,000
					외상매입금	300,000
(5)	(차)	보 험 료	250,000	(대)	현　금	250,000
(6)	(차)	현　금	100,000	(대)	매　출	400,000
		외상매출금	300,000			
(7)	(차)	매　입	700,000	(대)	현　금	700,000
(8)	(차)	외상매입금	200,000	(대)	현　금	200,000
(9)	(차)	외상매출금	900,000	(대)	매　출	900,000
(10)	(차)	급　여	200,000	(대)	현　금	200,000
(11)	(차)	이자비용	120,000	(대)	현　금	120,000
(12)	(차)	현　금	250,000	(대)	임대료수익	250,000

〈전기〉

현　금

자 본 금	5,000,000	제　좌	3,000,000
단기차입금	3,000,000	매　입	200,000
매　출	100,000	보 험 료	250,000
임대료수익	250,000	매　입	700,000
		외상매입금	200,000
		급　여	200,000
		이자비용	120,000

자 본 금

		현　금	5,000,000

토　지

현　금	1,000,000		

건　물

현　금	2,000,000		

단기차입금

		현　금	3,000,000

매　입

제　좌	500,000		
현　금	700,000		

외상매입금

차변		대변	
현　금	200,000	매　입	300,000

보험료

차변		대변	
현　금	250,000		

외상매출금

차변		대변	
매　출	300,000		
매　출	900,000		

매　출

차변		대변	
		제　좌	400,000
		외상매출금	900,000

급　여

차변		대변	
현　금	200,000		

이자비용

차변		대변	
현　금	120,000		

임대료수익

차변		대변	
		현　금	250,000

2. 잔액시산표의 작성

잔액시산표

(주)대연　　　20××년 ×월 ×일　　　(단위 : 원)

차　변	계정과목	대　변
3,680,000	현　금	
1,200,000	외상매출금	
1,000,000	토　지	
2,000,000	건　물	
	외상매입금	100,000
	단기차입금	3,000,000
	자 본 금	5,000,000
	매　출	1,300,000
	임대료수익	250,000
1,200,000	매　입	
200,000	급　여	
250,000	보 험 료	
120,000	이 자 비 용	
9,650,000		9,650,000

3. 결산정리분개, 원장에의 전기, 정산표의 작성, 마감분개

〈결산정리분개〉

		차변 과목	금액		대변 과목	금액
(1)	(차)	매출원가	1,200,000	(대)	매 입	1,200,000
		상 품	450,000		매출원가	450,000
(2)	(차)	대손상각비	60,000	(대)	대손충당금	60,000
(3)	(차)	감가상각비	80,000	(대)	감가상각누계액	80,000
(4)	(차)	선급보험료	70,000	(대)	보 험 료	70,000
(5)	(차)	임대료수익	100,000	(대)	선수임대료	100,000

〈원장에의 전기〉

매출원가

매 입	1,200,000	상 품	450,000

매 입

제 좌	500,000	매출원가	1,200,000
현 금	700,000		

상 품

매출원가	450,000		

대손상각비

대손충당금	60,000		

대손충당금

		대손상각비	60,000

감가상각비

감가상각누계액	80,000		

감가상각누계액

		감가상각비	80,000

선급보험료

보 험 료	70,000		

보 험 료

현 금	250,000	선급보험료	70,000

임대료수익

선수임대료	100,000	현 금	250,000

선수임대료

		임대료수익	100,000

〈정산표의 작성〉

정 산 표

(주)대연 20××년 ×월 ×일 (단위 : 천원)

계정과목	잔액시산표		결산정리분개		포괄손익계산서		재무상태표	
	차 변	대 변	차 변	대 변	차 변	대 변	차 변	대 변
현 금	3,680						3,680	
외상매출금	1,200						1,200	
토 지	1,000						1,000	
건 물	2,000						2,000	
외상매입금		100						100
단기차입금		3,000						3,000
자 본 금		5,000						5,000
매 출		1.300				1,300		
임대료수익		250	100			150		
매 입	1,200			1,200	0			
급 여	200				200			
보 험 료	250			70	180			
이 자 비 용	120				120			
계	9,650	9,650						
매 출 원 가			1,200	450	750			
상 품			450				450	
대손상각비			60		60			
대손충당금				60				60
감가상각비			80		80			
감가상각누계액				80				80
선급보험료			70				70	
선수임대료				100				100
당기순이익					60			60
합 계			1,960	1,960	1,450	1,450	8,400	8,400

〈마감분개〉

(1) 수익 · 비용계정을 손익계정에 대체

	차변	금액		대변	금액
(차)	매 출	1,300,000	(대)	손 익	1,450,000
	임대료수익	150,000			
(차)	손 익	1,390,000	(대)	매출원가	750,000
				급 여	200,000
				보 험 료	180,000
				대손상각비	60,000
				감가상각비	80,000
				이자비용	120,000

(2) 당기순이익을 이익잉여금계정에 대체

	차변	금액		대변	금액
(차)	손 익	60,000	(대)	이익잉여금	60,000

4. 재무상태표와 포괄손익계산서의 작성

〈재무상태표〉

재무상태표

(주)대연 20××년 ×월 ×일 (단위 : 원)

과 목	금 액	과 목	금 액
현 금	3,680,000	외상매입금	100,000
외상매출금	1,200,000	단기차입금	3,000,000
대손충당금	(60,000)	선수임대료	100,000
선급보험료	70,000	부 채 총 계	3,200,000
상 품	450,000	자 본 금	5,000,000
토 지	1,000,000	이익잉여금	60,000
건 물	2,000,000		
감가상각누계액	(80,000)	자 본 총 계	5,060,000
자 산 총 계	8,260,000	부채 및 자본총계	8,260,000

〈포괄손익계산서〉

포괄손익계산서

20××년 ×월 ×일부터
20××년 ×월 ×일까지

(주)대연 (단위 : 원)

과 목	금 액	
Ⅰ. 매 출 액		1,300,000
Ⅱ. 매 출 원 가		
1. 기초상품재고액	0	
2. 당기상품매입액	1,200,000	
3. 기말상품재고액	(450,000)	(750,000)
Ⅲ. 매출총이익		550,000
Ⅳ. 판매비와 관리비		
급 여	200,000	
보 험 료	180,000	
대손상각비	60,000	
감가상각비	80,000	(520,000)
Ⅴ. 영업이익		30,000
Ⅵ. 영업외수익		
임대료수익	150,000	150,000
Ⅶ. 영업외비용		
이자비용	120,000	(120,000)
Ⅷ. 당기순이익		60,000

[6-9]

(1) 선급보험료의 상대 계정은 보험료이다. 보험료가 ₩50,000 감소하였기 때문에 다음의 결산정리분개를 하였을 것이다.

(차)	선급보험료	50,000	(대)	보 험 료	50,000

따라서 (1)은 150,000 − 100,000 = ₩50,000이다.

(2) 미수임대료의 상대 계정은 임대료수익이다. 임대료수익이 ₩20,000 증가하였기 때문에 다음의 결산정리분개를 하였을 것이다.

(차)	미수임대료	20,000	(대)	임대료수익	20,000

따라서 (2)는 35,000 − 20,000 = ₩15,000이다.

(3) 미지급급여의 상대 계정은 급여이다. 급여가 ₩50,000 증가하였기 때문에 다음의 결산정리분개를 하였을 것이다.

(차)	급 여	50,000	(대)	미지급급여	50,000

따라서 (3)은 350,000 − 300,000 = ₩50,000이다.

(4) 대손충당금의 상대 계정은 대손상각비이다. 대손상각비가 ₩60,000 증가하였기 때문에 다음의 결산정리분개를 하였을 것이다.

(차)	대손상각비	60,000	(대)	대손충당금	60,000

따라서 (4)는 100,000 − 60,000 = ₩40,000이다.

(5) 이자수익의 상대 계정은 선수이자이다. 선수이자가 ₩20,000 증가하였기 때문에 다음의 결산정리분개를 하였을 것이다.

(차)	이자수익	20,000	(대)	선수이자	20,000

따라서 (5)는 30,000 + 20,000 = ₩50,000이다.

(6) 소모품비의 상대 계정은 소모품이다. 소모품이 ₩20,000 증가하였기 때문에 다음의 결산정리분개를 하였을 것이다.

(차)	소 모 품	20,000	(대)	소모품비	20,000

따라서 (6)은 50,000 − 20,000 = ₩30,000이다.

(7) 감가상각비의 상대 계정은 감가상각누계액이다. 감가상각누계액이 ₩100,000 증가하였기 때문에 다음의 결산정리분개를 하였을 것이다.

(차)	감가상각비	100,000	(대)	감가상각누계액	100,000

따라서 (7)은 600,000 − 500,000 = ₩100,000이다.

[6-10]

〈결산정리분개〉

(1)	(차)	매출원가	100,000	(대)	상　　품	100,000
		매출원가	3,000,000		매　　입	3,000,000
		상　　품	300,000		매출원가	300,000
(2)	(차)	미수이자	10,000	(대)	이자수익	10,000
(3)	(차)	선급보험료	40,000	(대)	보 험 료	40,000
(4)	(차)	소 모 품	30,000	(대)	소모품비	30,000
(5)	(차)	급　　여	50,000	(대)	미지급급여	50,000
(6)	(차)	대손상각비	30,000	(대)	대손충당금	30,000
(7)	(차)	감가상각비	100,000	(대)	감가상각누계액	100,000

정 산 표

(단위 : 천원)

계정과목	잔액시산표		결산정리분개		포괄손익계산서		재무상태표	
	차 변	대 변	차 변	대 변	차 변	대 변	차 변	대 변
현 금	50						50	
외상매출금	300						300	
단기대여금	200						200	
상 품	100		300	100			300	
토 지	450						450	
건 물	500						500	
외상매입금		100						100
단기차입금		300						300
대손충당금		60		30				90
감가상각누계액		200		100				300
자 본 금		1,000						1,000
매 출		3,500				3,500		
이 자 수 익		40		10		50		
매 입	3,000			3,000	–			
급 여	350		50		400			
보 험 료	120			40	80			
소 모 품 비	80			30	50			
이 자 비 용	50				50			
계	5,200	5,200						
매 출 원 가			100	300	2,800			
			3,000					
미 수 이 자			10				10	
선급보험료			40				40	
소 모 품			30				30	
미지급급여				50				50
대손상각비			30		30			
감가상각비			100		100			
당기순이익					40			40
합 계			3,660	3,660	3,550	3,550	1,880	1,880

제7장 현금 및 현금성자산과 단기금융자산

객관식

[7-1] ① 만기가 1년 이내인 예금은 유동자산으로 분류하여야 한다.

[7-2] ④ 현금과부족계정을 차변에 기록하였다가 결산일까지 원인이 밝혀지지 않으면 잡손실로 처리한다.

[7-3] ⑤ 미사용우표는 소모품비로 처리한다.

[7-4] ② 통화, 타인발행수표, 배당금지급통지표, 만기도래한 사채이자표는 현금 및 현금성자산으로 분류한다. 우표는 소모품비, 타인발행약속어음은 수취채권으로 분류한다.

[7-5] ② 결산일로부터 3월 이내가 아니라, 취득일을 기준으로 3월 이내에 만기나 상환일이 도래하는 경우 현금성자산으로 분류한다.

[7-6] ② 소액현금은 지출하는 때에는 영수증 보관만 하며, 최종 결산시(소액현금 보충시)에 지출과 관련된 비용을 기록하고 소액현금을 제거하는 회계처리를 한다.

[7-7] ③ 미기록예금은 은행측 조정사항이다.

[7-8] ① 당좌차월은 차입금계정으로 유동부채로 기록한다.

[7-9] ④ 부도수표는 기타매출채권, 선일자수표는 수취하는 측에서는 매출채권에 해당한다. 한편, 차용증서는 수취한 측에서는 대여금 계정에, 발행한 측에서는 차입금 계정에 해당하며, 우표는 소모품비, 출장비는 가지급금, 사용이 제한된 장기예금은 투자자산에 해당한다.

[7-10] ③

은행측 조정전 잔액 :	X	회사측 조정전 잔액 :	₩120,500
기발행 미인출수표	(36,000)	어음추심수수료	(17,000)
		당좌차월이자	(12,000)
합계	₩91,500		₩91,500

∴ 은행측 조정전 잔액(X) = ₩91,500 + ₩36,000 = ₩127,500

[7-11] ②

은행측 조정전 잔액 :	₩6,330,000	회사측 조정전 잔액 :	₩5,090,000
은행미기입예금	1,200,000	은행예금이자	420,000
기발행 미인출수표	(1,800,000)	은행수수료	(50,000)
		어음대금입금	500,000
		부도수표	(230,000)
합계	₩5,730,000		₩5,730,000

주관식

[7-1]

우표 : 소모품

수입인지 : 소모품

타인발행 약속어음 : 받을어음

만기 1년의 정기예금 : 단기금융자산

취득 당시 만기 5개월의 양도성 예금증서 : 단기금융자산

[7-2]

〈분개〉

(1)	(차)	현 금	300,000	(대)	매 출	300,000
(2)	(차)	외상매입금	100,000	(대)	현 금	100,000
(3)	(차)	당좌예금	200,000	(대)	외상매출금	200,000
(4)	(차)	접 대 비	150,000	(대)	현 금	150,000

〈현금계정의 잔액〉

100,000(기초잔액) + 300,000 − 100,000 − 150,000 = ₩150,000

[7-3]

1월 3일

(차)	소액현금	300,000	(대)	당좌예금	300,000

1월 31일

(차)	소모품비	60,000	(대)	당좌예금	180,000
	수도광열비	30,000			
	여비교통비	90,000			

[7-4]

(1)	(차)	현　　금	200,000	(대)	현금과부족	200,000
(2)	(차)	현금과부족	80,000	(대)	외상매출금	80,000
(3)	(차)	현금과부족	120,000	(대)	잡 이 익	120,000

[7-5]

〈당좌차월계정을 사용하는 경우〉

(1)	(차)	당좌예금	500,000	(대)	현　　금	500,000
(2)	(차)	매　　입	300,000	(대)	당좌예금	300,000
(3)	(차)	매　　입	600,000	(대)	당좌예금	200,000
					당좌차월	400,000
(4)	(차)	당좌차월	400,000	(대)	매　　출	500,000
		당좌예금	100,000			
(5)	(차)	외상매출금	500,000	(대)	당좌차월	400,000
					당좌예금	100,000

〈당좌차월계정을 사용하지 않는 경우〉

(1)	(차)	당좌예금	500,000	(대)	현　　금	500,000
(2)	(차)	매　　입	300,000	(대)	당좌예금	300,000
(3)	(차)	매　　입	600,000	(대)	당좌예금	600,000
(4)	(차)	당좌예금	500,000	(대)	매　　출	500,000
(5)	(차)	외상매출금	500,000	(대)	당좌예금	500,000

〈당좌예금계정의 잔액〉

500,000 − 300,000 − 600,000 +500,000 − 500,000

= − ₩400,000(이는 당좌차월로서 결산일이 되면 단기차입금으로 대체하여야 한다.)

[7-6]

은행계정조정표

A사 — 20××년 ×월 ×일 — (단위 : 원)

A사의 당좌예금계정		은행의 당좌예금계좌	
잔액 :	755,000	잔액 :	800,000
가산 : ⑥ 미통지예금	350,000	가산 : ① 미기록예금	150,000
차감 : ② 부도수표	(300,000)	차감 : ⑤ 미결제수표	(250,000)
③ 은행수수료	(15,000)		
④ 기장오류	(90,000)		
수정 후 잔액 :	700,000	수정 후 잔액 :	700,000

〈수정분개〉

⑥	(차)	당좌예금	350,000	(대)	외상매출금	350,000
②	(차)	외상매출금	300,000	(대)	당좌예금	300,000
③	(차)	수수료비용	15,000	(대)	당좌예금	15,000
④	(차)	외상매출금	90,000	(대)	당좌예금	90,000

[7-7]

은행계정조정표

B사 20××년 12월 31일 (단위 : 원)

회사의 당좌예금 계정		은행의 당좌예금 계좌	
잔액 :	3,824,000	잔액 :	?
가산 : ① 미통지예금	340,000	가산 : ③ 기장오류	15,000
④ 어음대금 회수	450,000	⑨ 미기록예금	760,000
차감 : ② 이자비용	(42,000)	차감 : ⑥ 미결제수표	(830,000)
⑤ 기장오류	(180,000)	⑩ 기장오류	(30,000)
⑦ 부도수표	(127,000)		
⑧ 당좌차월이자	(25,000)		
수정 후 잔액 :	4,240,000	수정 후 잔액 :	4,240,000

〈수정 전 은행의 잔액〉

4,240,000 + 30,000 + 830,000 − 760,000 − 15,000

= ₩4,325,000

〈수정분개〉

①	(차)	당좌예금	340,000	(대)	외상매출금	340,000
④	(차)	당좌예금	450,000	(대)	받을어음	450,000
②	(차)	이자비용	42,000	(대)	당좌예금	42,000
⑤	(차)	외상매출금	180,000	(대)	당좌예금	180,000
⑦	(차)	외상매출금	127,000	(대)	당좌예금	127,000
⑧	(차)	이자비용	25,000	(대)	당좌예금	25,000

제8장 수취채권과 지급채무

객관식

[8-1] ② 매출할인은 판매한 재고자산에 대한 하자로 인한 것이 아니라 외상대금을 조기에 회수하기 위한 목적으로 판매자가 구매자에게 제공하는 신용할인을 말한다.

[8-2] ④ 매출할인은 영업외비용이 아니라 총매출액에서 차감한다.

[8-3] ③ 대손충당금은 수취채권에 차감하는 형식의 차감적 평가계정이다.

[8-4] ④ 대손처리되었던 채권을 재회수 하는 경우, (차) 현금 xxx (대) 대손충당금 xxx 으로 회계처리한다. 따라서 자산의 증가와 대손충당금이 증가하게 된다.

[8-5] ①

기말 대손충당금 잔액 = ₩800,000 − ₩500,000 + ₩300,000 = ₩600,000

∴ 기말 매출채권 계정잔액 = ₩5,300,000 + ₩600,000 = ₩5,900,000

[8-6] ③ 매출총이익

= 매출액(당기현금매출액 + 당기외상매출액)

− 매출원가(기초상품재고액 + 당기매입액 − 기말재고액)

₩179,000 = (₩150,000 + X) − (₩240,000 + ₩400,000 − ₩215,000)

∴ 당기외상매출액(X) = ₩454,000

기말매출채권 = 기초매출채권 + 당기외상매출액 − 매출채권회수액

= ₩100,000 + ₩454,000 − ₩520,000 = ₩34,000

[8-7] ④ 당기외상매출액

= 기말매출채권 + 당기매출채권회수액 + 회수불능대손확정액 − 기초매출채권

= ₩2,900,000 + ₩1,600,000 + ₩150,000 − ₩3,500,000 = ₩1,150,000

당기총매출액 = 당기현금매출액 + 당기외상매출액

= ₩1,700,000 + ₩1,150,000 = ₩2,850,000

[8-8] ④ 당기 외상매출액의 일정비율로 추정하는 방법은 당기 매출 수익에 대한 대손상각비를 비용으로 계상할 수 있어 수익 · 비용대응의 관점에서 가장 적절한 방법이다.

[8-9] ② 매출채권에 대한 연령에 따라 대손상각비를 기록하는 방법은 매출채권의 순실현가능가치를 가장 잘 나타낸다.

[8-10] ② 대손충당금 잔액이 대손확정액보다 많은 경우에는 대손충당금 계정이 차변에 기록되므로 당기에 인식할 대손상각비는 ₩0이다. 그러나 상황 1과 같이 대손충당금잔액이 부족한 경우에는 부족액만큼 당기 대손상각비로 인식한다.

[8-11] ② 매출채권의 순실현가능가치 = 매출채권잔액 − 대손추산액

= ₩2,600,000 − ₩179,000 = ₩2,421,000

단, 당기 포괄손익계산서에 대손상각비로 인식되어야 할 금액

= ₩179,000 − ₩120,000 = ₩59,000이다.

주관식

[8-1]

(1)	(차)	외상매출금	300,000	(대)	매　　출	300,000
(2)	(차)	매출환입	50,000	(대)	외상매출금	80,000
		매출에누리	30,000			
(3)	(차)	현　　금	220,000	(대)	외상매출금	220,000
(4)	(차)	매　　입	600,000	(대)	외상매입금	600,000
(5)	(차)	외상매입금	130,000	(대)	매입환출	80,000
					매입에누리	50,000
(6)	(차)	외상매입금	470,000	(대)	현　　금	470,000
(7)	(차)	외상매출금	500,000	(대)	매　　출	500,000
(8)	(차)	현　　금	245,000	(대)	외상매출금	250,000
		매출할인	5,000			
(9)	(차)	현　　금	250,000	(대)	외상매출금	250,000

[8-2]

(1)	(차)	받을어음	500,000	(대)	매　　출	500,000
(2)	(차)	당좌예금	500,000	(대)	받을어음	500,000
		수수료비용	5,000		현　　금	5,000
(3)	(차)	매　　입	300,000	(대)	지급어음	300,000
(4)	(차)	지급어음	300,000	(대)	당좌예금	300,000
(5)	(차)	장기매출채권	800,000	(대)	매　　출	700,000
					현재가치할인차금	100,000

[8-3]

(1)	(차)	받을어음	300,000	(대)	매 출	300,000
(2)	분개 없음					
(3)	(차)	현 금	297,000	(대)	받을어음	300,000
		수수료비용	3,000			
(4)	(차)	받을어음	400,000	(대)	매 출	400,000
(5)	(차)	매 입	400,000	(대)	외상매입금	400,000
		외상매입금	400,000		받을어음	400,000
(6)	분개 없음					
(7)	(차)	받을어음	500,000	(대)	매 출	500,000
(8)	(차)	현 금	495,000	(대)	받을어음	500,000
		매출채권처분손실	5,000			
(9)	분개 없음					

[8-4]

〈매각거래의 경우〉

(1)	(차)	받을어음	500,000	(대)	매 출	500,000
(2)	(차)	현 금	480,000	(대)	받을어음	500,000
		매출채권처분손실	20,000*			

* 할인액 = ₩500,000 × 12% × 4/12 = ₩20,000

(3) 분개 없음

〈차입거래의 경우〉

(1)	(차)	받을어음	500,000	(대)	매 출	500,000
(2)	(차)	현 금	480,000	(대)	단기차입금	500,000
		이자비용	20,000			

(3)	(차)	단기차입금	500,000	(대)	받을어음	500,000

[8-5]

〈처분손익의 계산〉

장부금액 = 액면금액 + 보유기간 동안의 이자

= ₩600,000 + 10,000* = ₩610,000

* 보유기간 동안의 이자 = ₩600,000 × 10% × 2/12 = ₩10,000

처분금액(현금수령액) = 어음만기금액 − 할인액

= ₩630,000** − 25,200*** = ₩604,800

** 어음만기금액 = ₩600,000 + ₩600,000 × 10% × 6/12 = ₩630,000

*** 할인액 = ₩630,000 × 12% × 4/12 = ₩25,200

처분손실 = 장부금액 − 처분금액

= ₩610,000 − 604,800 = ₩5,200

〈매각거래의 경우〉

(1)	(차)	받을어음	600,000	(대)	매　출	600,000
(2)	(차)	현　금	604,800	(대)	받을어음	600,000
		매출채권처분손실	5,200		이자수익	10,000

(3) 분개 없음

(4) 분개 없음

〈차입거래의 경우〉

(1)	(차)	받을어음	600,000	(대)	매　출	600,000
(2)	(차)	현　금	604,800	(대)	단기차입금	600,000
		이자비용	5,200		이자수익	10,000

(3)	(차)	부도어음	650,000	(대)	현　　금	650,000
		단기차입금	600,000		받을어음	600,000
(4)	(차)	현　　금	650,000	(대)	부도어음	650,000

[8-6]

(1)	(차)	대손상각비	100,000	(대)	대손충당금	100,000
(2)	(차)	대손충당금	150,000	(대)	매출채권	150,000
(3)	(차)	대손상각비	210,000	(대)	대손충당금	210,000
(4)	(차)	매출채권	150,000	(대)	대손충당금	150,000
		현　　금	150,000		매출채권	150,000

[8-7]

(1)	(차)	대손충당금	100,000	(대)	대손충당금환입	100,000
(2)	(차)	대손충당금	300,000	(대)	매출채권	500,000
		대손상각비	200,000			
(3)	(차)	대손상각비	360,000	(대)	대손충당금	360,000
(4)	(차)	매출채권	500,000	(대)	대손충당금	500,000
		현　　금	500,000		매출채권	500,000

[8-8]

(1)	(차)	단기대여금	300,000	(대)	당좌예금	300,000
(2)	(차)	현　　금	320,000	(대)	단기대여금	300,000
					이자수익	20,000
(3)	(차)	현　　금	500,000	(대)	단기차입금	500,000
(4)	(차)	단기차입금	500,000	(대)	현　　금	530,000
		이자비용	30,000			

(5)	(차)	미 수 금	200,000	(대)	비　　품	200,000
(6)	(차)	건　　물	400,000	(대)	미지급금	400,000
(7)	(차)	선 급 금	100,000	(대)	현　　금	100,000
(8)	(차)	매　　입	600,000	(대)	선 급 금	100,000
					외상매입금	500,000
(9)	(차)	현　　금	200,000	(대)	선 수 금	200,000
(10)	(차)	선 수 금	200,000	(대)	매　　출	700,000
		받을어음	500,000			

[8-9]

(1)	(차)	미수수익	30,000	(대)	임 대 료	30,000
(2)	(차)	급　　여	300,000	(대)	미지급비용	300,000
(3)	(차)	선급비용	200,000	(대)	임 차 료	200,000
(4)	(차)	이자수익	210,000	(대)	선수수익	210,000

[8-10]

(1)	(차)	가지급금	100,000	(대)	당좌예금	100,000
(2)	(차)	외상매입금	100,000	(대)	가지급금	100,000
(3)	(차)	당좌예금	200,000	(대)	가 수 금	200,000
(4)	(차)	가 수 금	200,000	(대)	외상매출금	200,000
(5)	(차)	가 불 금	300,000	(대)	현　　금	300,000
(6)	(차)	급　　여	900,000	(대)	가 불 금	300,000
					예 수 금	200,000
					현　　금	400,000
(7)	(차)	예 수 금	200,000	(대)	현　　금	200,000

제9장 재고자산

객관식

[9-1] ③ 수입재고자산의 매입시 부담하는 수입관세는 취득원가에 포함한다.

[9-2] ② 후입선출법은 K-IFRS에서 인정하지 않는 방법이다.

[9-3] ③ 재고자산의 성격 또는 용도가 다르면 서로 다른 취득단가 결정방법을 적용해야 한다.

[9-4] ④ 선적지 인도조건의 미착품은 선적시점에, 도착지 인도조건의 미착품은 도착지에서 하역한 경우 매입자의 재고자산에 포함한다.

[9-5] ③ 유동비율 = 유동자산/유동부채 → 유동자산(재고자산) 과대계상으로 유동비율 증가

부채비율 = 부채/자본 → 자본(당기순이익) 과대계상으로 부채비율 감소

[9-6] ② 재고자산 감모손실 = (1,000개 − 800개) × ₩150 = ₩30,000

재고자산평가손실 : 재고자산장부가액 − 재고자산의 순실현가능가치

= 800개 × (₩150 − ₩130*) = ₩16,000

* 순실현가능가치(NRV) : 추정예상판매가액(₩180) − 추정판매비용(₩50) = ₩130

[9-7] ④ 실지재고조사법은 회계연도말에 일괄적으로 재고자산에 대한 실사를 통해 파악하므로 재주문시기와 수량을 파악하기는 어렵다.

[9-8] ① 선입선출법을 적용하면, 계속기록법과 실지재고조사법 둘 다 매출원가와 기말재고액이 일치한다.

[9-9] ① 후입선출법은 현행 매출수익에 현행 높은 매입단가의 재고자산이 비용으로 계상되어 법인세비용차감전순이익이 다른 방법에 비해 낮게 기록되어 법인세비용을 이연하는 효과가 있다.

[9-10] ②

[9-11] ③ 매출원가 추정액 = 순매출액 × (1 − 매출총이익률)

= (₩215,000 - ₩22,000) × (1 − 0.25) = ₩144,750

기말재고추정액 = 기초상품재고액 + 당기순매입액− 매출원가

= ₩38,000 + (₩159,000 − ₩15,000) − ₩144,750 = ₩37,250

주관식

[9-1]

1. 실지재고조사법에 의할 경우

(1) 선입선출법

선입선출법에 의하면 기말재고량은 가장 최근에 매입된 30개로 구성된 것으로 본다. 따라서 기말재고량은 4월 20일 매입한 30개로 구성된다. 매출원가는 기초재고액에 당기매입액을 더한 판매가능상품의 원가(₩9,100)에서 기말재고액을 차감한 금액이 된다.

기말재고액 = 30개 × ₩70 = ₩2,100

매출원가 = 9,100 − 2,100 = ₩7,000

(2) 후입선출법

후입선출법에 의하면 기말재고량은 가장 먼저 매입된 30개로 구성된 것으로 본다. 따라서 기말재고량은 기초재고 30개로 구성된다. 매출원가는 마찬가지로 기초재고액에 당기매입액을 더한 판매가능상품의 원가(₩9,100)에서 기말재고액을 차감한 금액이 된다.

기말재고액 = 30개 × ₩50 = ₩1,500

기매출원가 = 9,100 − 1,500 = ₩7,600

(3) 총평균법

총평균법에 의하면 먼저 평균단가를 구하고, 이에 기말재고량과 판매량을 곱해 기말재고액과 매출원가를 계산하게 된다.

$$\text{평균단가} = \frac{\text{매입합계액}}{\text{매입량}} = \frac{9{,}100}{150} = ₩60\frac{2}{3}$$

$$\text{기말재고액} = 30\text{개} \times ₩60\frac{2}{3} = ₩1{,}820$$

$$\text{매출원가} = 120\text{개} \times ₩60\frac{2}{3} = ₩7{,}280$$

2. 계속기록법에 의할 경우

(1) 선입선출법

일자		적요	입고			출고			잔액		
			수량	단가	금액	수량	단가	금액	수량	단가	금액
4	1	기초재고	40	50	2,000				40	50	2,000
	9	매입	60	60	3,600				40	50	2,000
									60	60	3,600
	15	매출				40	50	2,000			
						10	60	600	50	60	3,000
	20	매입	50	70	3,500				50	60	3,000
									50	70	3,500
	25	매출				50	60	3,000			
						20	70	1,400	30	70	2,100
		합계	150개		₩9,100	120개		₩7,000	30개		₩2,100
			(판매가능상품 원가)			(매출원가)			(기말재고액)		

* 기말재고액(4월 25일 잔액 란의 합계) = ₩2,100

* 매출원가(출고 란의 합계) = ₩7,000

(2) 후입선출법

일자		적요	입고 수량	입고 단가	입고 금액	출고 수량	출고 단가	출고 금액	잔액 수량	잔액 단가	잔액 금액
4	1	기초재고	40	50	2,000				40	50	2,000
	9	매입	60	60	3,600				40	50	2,000
									60	60	3,600
	15	매출				50	60	3,000	40	50	2,000
									10	60	600
	20	매입	50	70	3,500				40	50	2,000
									10	60	600
									50	70	3,500
	25	매출				50	70	3,500			
						10	60	600			
						10	50	500	30	50	1,500
		합계	150개		₩9,100	120개		₩7,600	30개		₩1,500
			(판매가능상품 원가)			(매출원가)			(기말재고액)		

* 기말재고액(4월 25일 잔액 란의 합계) = ₩1,500

* 매출원가(출고 란의 합계) = ₩7,600

(3) 이동평균법

일자		적요	입고 수량	입고 단가	입고 금액	출고 수량	출고 단가	출고 금액	잔액 수량	잔액 단가	잔액 금액
4	1	기초재고	40	50	2,000				40	50	2,000
	9	매입	60	60	3,600				100	56	5,600
	15	매출				50	56	2,800	50	56	2,800
	20	매입	50	70	3,500				100	63	6,300
	25	매출				70	63	4,410	30	63	1,890
		합계	150개		₩9,100	120개		₩7,210	30개		₩1,890
			(판매가능상품 원가)			(매출원가)			(기말재고액)		

* 기말재고액(4월 25일 잔액 란의 금액) = ₩1,890

* 매출원가(출고 란의 합계) = ₩7,210

[9-2]

〈물음 1〉

1. 실지재고조사법에 의할 경우

(1) 선입선출법

선입선출법에 의하면 기말재고량은 가장 최근에 매입된 50개로 구성된 것으로 본다. 따라서 기말재고량 50개는 5월 25일 매입한 40개와 5월 15일 매입한 것 중 10개로 구성된다. 매출원가는 기초재고액에 당기매입액을 더한 판매가능상품의 원가(₩7,800)에서 기말재고액을 차감한 금액이 된다.

기말재고액 = 40개×₩90 + 10개×₩60 = 3,600 + 600 = ₩4,200

매출원가 = 7,800 − 4,200 = ₩3,600

(2) 후입선출법

후입선출법에 의하면 기말재고량은 가장 먼저 매입된 50개로 구성된 것으로 본다. 따라서 기말재고량 50개는 기초재고량 10개와 5월 5일 매입한 40개로 구성된다. 매출원가는 마찬가지로 기초재고액에 당기매입액을 더한 판매가능상품의 원가(₩7,800)에서 기말재고액을 차감한 금액이 된다.

기말재고액 = 10개×₩40 + 40개×₩50 = 400 + 2,000 = ₩2,400

매출원가 = 7,800 − 2,400 = ₩5,400

(3) 총평균법

총평균법에 의하면 먼저 평균단가를 구하고, 이에 기말재고량과 판매량을 곱해 기말재고액과 매출원가를 계산하게 된다.

$$\text{평균단가} = \frac{\text{매입합계액}}{\text{매입량}} = \frac{7,800}{120} = ₩65$$

기말재고액 = 50개×₩65 = ₩3,250

매출원가 = 70개 × ₩65 = ₩4,550

2. 계속기록법에 의할 경우

(1) 선입선출법

일자		적 요	입 고			출 고			잔 액		
			수량	단가	금액	수량	단가	금액	수량	단가	금액
5	1	기초재고	10	40	400				10	40	400
	5	매 입	40	50	2,000				10	40	400
									40	50	2,000
	10	매 출				10	40	400			
						20	50	1,000	20	50	1,000
	15	매 입	30	60	1,800				20	50	1,000
									30	60	1,800
	20	매 출				20	50	1,000			
						20	60	1,200	10	60	600
	25	매 입	40	90	3,600				10	60	600
									40	90	3,600
		합 계	120개 ₩7,800 (판매가능상품 원가)			70개 ₩3,600 (매출원가)			50개 ₩4,200 (기말재고액)		

* 기말재고액(5월 25일 잔액 란의 합계) = 600 + 3,600 = ₩4,200

* 매출원가(출고 란의 합계) = ₩3,600

* 선입선출법의 경우는 실지재고조사법의 경우와 동일하다.

(2) 후입선출법

일자		적요	입고			출고			잔액		
			수량	단가	금액	수량	단가	금액	수량	단가	금액
5	1	기초재고	10	40	400				10	40	400
	5	매입	40	50	2,000				10	40	400
									40	50	2,000
	10	매출				30	50	1,500	10	40	400
									10	50	500
	15	매입	30	60	1,800				10	40	400
									10	50	500
									30	60	1,800
	20	매출				30	60	1,800			
						10	50	500	10	40	400
	25	매입	40	90	3,600				10	40	400
									40	90	3,600
		합계	120개		₩7,800	70개		₩3,800	50개		₩4,000
			(판매가능상품 원가)			(매출원가)			(기말재고액)		

* 기말재고액(5월 25일 잔액 란의 합계) = 400 + 3,600 = ₩4,000

* 매출원가(출고 란의 합계) = ₩3,800

* 후입선출법의 경우는 실지재고조사법의 경우와 동일하지 않다.

(3) 이동평균법

일자		적요	입고			출고			잔액		
			수량	단가	금액	수량	단가	금액	수량	단가	금액
5	1	기초재고	10	40	400				10	40	400
	5	매 입	40	50	2,000				50	48	2,400
	10	매 출				30	48	1,440	20	48	960
	15	매 입	30	60	1,800				50	55.2	2,760
	20	매 출				40	55.2	2,208	10	55.2	552
	25	매 입	40	90	3,600				50	83.04	4,152
		합 계	120개 ₩7,800 (판매가능상품 원가)			70개 ₩3,648 (매출원가)			50개 ₩4,152 (기말재고액)		

* 기말재고액(5월 25일 잔액 란의 금액) = ₩4,152

* 매출원가(출고 란의 합계) = ₩3,648

〈물음 2〉

후입선출법의 경우 실지재고조사법에 의하면 기말재고액이 ₩2,400인데, 계속기록법에 의하면 ₩4,000으로 더 많게 계산된다. 그 이유는 실지재고조사법의 경우는 기말에 총매입량으로부터 총판매량을 차감하여 남은 재고수량에 대한 매입량과 그 단가를 고려하여 기말재고액을 계산하나, 계속기록법의 경우는 매출이 있을 때마다 직전의 매입량을 고려하여 단가를 적용하기 때문이다.

즉, 앞의 연습문제 〈9-1〉에서는 4월 25일 매출 이후 매입이 없기 때문에 후입선출법의 경우에도 실지재고조사법과 계속기록법의 결과가 동일하였지만, 본 연습문제에서는 5월 20일 매출이 있은 후 25일 매입이 발생하였기 때문에 그 결과가 달라지게 되는 것이다.

[9-3]

(1) 선입선출법

(2) 후입선출법

(3) 선입선출법

[9-4]

선입선출법, 후입선출법

[9-5]

기말 재고자산이 커지면 매출원가가 작아지므로 이익은 커진다. 반대로 기말 재고자산이 작아지면 매출원가가 커지므로 이익은 작아진다. 즉, 기말 재고자산과 이익은 비례관계에 있는 것이다.

[9-6]

(1) (차) 재고자산평가손실 150,000 (대) 재고자산평가충당금 150,000
(매출원가에 가산)

재고자산평가충당금은 재무상태표에 다음과 같이 재고자산의 차감 계정으로 표시된다.

재무상태표

자 산		
재고자산	800,000	
재고자산평가충당금	(150,000)	650,000

(2) (차) 재고자산평가충당금 150,000 (대) 재고자산평가충당금환입 150,000*
(매출원가에서 차감)

* 새로운 시가(₩900,000)가 최초의 장부가액(₩800,000)을 초과하여 상승하였으므로, 이를 초

과하지 않는 범위 내에서 평가손실을 환입한다. 즉, 전기말의 시가보다 ₩250,000이 상승하였으나 ₩150,000만 환입한다. 그러면 재고자산평가충당금은 ₩0이 되므로 재고자산은 재무상태표에 ₩800,000으로 표시될 것이다.

[9-7]

(1) 결산정리분개

(차)	매출원가	40,000	(대)	상　　품	40,000
(차)	매출원가	120,000	(대)	매　　입	120,000
(차)	상　　품	50,000	(대)	매출원가	50,000
(차)	재고자산평가손실 (매출원가)	10,000	(대)	재고자산평가충당금	10,000

(2) 매출원가 = 40,000 + 120,000 − 50,000 + 10,000 = ₩120,000

(3) 매출총이익 = 160,000 − 120,000 = ₩40,000

[9-8]

(1) 분개

실지재고조사법	계속기록법
1. 매입 시 : 매 입 70,000 현 금 70,000	1. 매입 시 : 상 품 70,000 현 금 70,000
2. 매출 시 : 현 금 90,000 매 출 90,000	2. 매출 시 : 현 금 90,000 매 출 90,000 매출원가 60,000 상 품 60,000
3. 결산 시 : (1) 결산정리분개 : 매출원가 20,000 상 품 20,000 매출원가 70,000 매 입 70,000 상 품 20,000 매출원가 20,000	3. 결산 시 : (1) 결산정리분개 : 분개 없음
(2) 감모손실에 대한 분개 : 재고자산감모손실4,000 매출원가 4,000	(2) 감모손실에 대한 분개 : 매출원가 6,000 재고자산감모손실 4,000 상 품 10,000
* 매출원가 = 20,000 + 70,000 − 20,000 − 4,000 = ₩66,000 * 기말상품재고액 = ₩20,000(실지재고조사액)	* 매출원가 = 60,000 + 6,000 = ₩66,000 * 기말상품재고액 = 20,000 + 70,000 − 60,000− 10,000 = ₩20,000

* 재고자산감모손실 ₩4,000은 포괄손익계산서에서 영업외비용으로 계상된다.

(2)

* 재무상태표에 표시되는 재고자산의 금액 = ₩20,000

* 포괄손익계산서

과 목	금 액	
Ⅰ. 매 출 액		90,000
Ⅱ. 매출원가		
1. 기초상품재고액	20,000	
2. 당기상품매입액	70,000	
3. 기말상품재고액	(20,000)	
4. 원가성이 없는 감모손실	(4,000)	(66,000)
Ⅲ. 매출총이익		24,000
Ⅳ. 영업외비용		
재고자산감모손실	4,000	(4,000)
Ⅴ. 당기순이익		20,000

[9-9]

(1) 화재 직전의 추정 재고자산

기초재고	₩100,000
당기매입액	600,000
판매가능액	700,000
추정 매출원가	(400,000*)
추정 재고자산	300,000

* 추정 매출원가 = 매출액 × (1 − 추정 매출총이익률)
= 500,000 × (1 − 20%) = ₩400,000

(2) 손실액 = 추정 재고자산 − 실제 재고자산(재고자산의 처분가액)
= ₩300,000 − ₩100,000 = ₩200,000

[9-10]

(1) 기말재고액

* 원가율 = 600,000/800,000 = 75%
* 판매가로 측정된 기말재고액 = 800,000 − 500,000 = ₩300,000
* 원가로 측정된 기말재고액 = 300,000 × 75% = ₩225,000

(2) 매출원가

= 600,000 − 225,000 = ₩375,000

(or 당기매출액(₩500,000) × 원가율(75%) = ₩375,000)

제10장 유형자산과 무형자산

객관식

[10-1] ② 감가상각비는 유형자산의 취득원가를 내용연수에 걸쳐 체계적이고 합리적으로 배분하는 기간배분원가이다.

[10-2] ④ 정상적인 영업활동과정에 판매목적 또는 제조목적으로 보유하는 자산을 재고자산이라 한다.

[10-3] ① 신규 취득한 유형자산은 동종의 기존 유형자산에 대한 감가상각방법과 일치시켜야 하며, 유형자산의 종류별로 동일하게 적용해야 한다.

[10-4] ④ 기존건물의 장부가액은 처분손실로 처리한다.

[10-5] ② 무상 증여로 취득한 유형자산은 공정가치를 취득원가로 계상한다.

[10-6] ① ①은 수익적 지출에 해당되는 원가이므로 지출하는 즉시 비용처리한다.

[10-7] ④ 자본적 지출을 수익적 지출로 처리하는 경우 자산의 과소계상 현상이 나타난다.

[10-8] ② 이중체감잔액법의 상각율 = 1/5× 2 = 40%(정액법의 2배)

∴ 20x1년 인식할 감가상각비 = ₩1,000,000 × 40% = ₩400,000

[10-9] ① (₩5,000,000 - ₩0) / 5년 × 6/12 = ₩500,000

[10-10] ① 20x5년 6월 30일의 장부가액 ₩62,000 − ₩27,000(감가상각누계액) = ₩35,000

∴ 처분손실 = ₩30,000 − ₩35,000 = ₩5,000

[10-11] ③ 무형자산의 합리적인 상각방법을 정할 수 없는 경우에는 정액법을 사용한다.

[10-12] ③

① 기계장치구입시 지급한 보험료는 취득원가에 포함한다.

② 개발비는 무형자산으로 처리하며, 연구비와 경상개발비는 비용처리한다.

④ 사업결합으로 취득한 영업권은 상각하지 않는다.

[10-13] ③ 연구비와 경상개발비, 창업비는 비용 처리되는 항목이다.

[10-14] ③ 영업권 = 매수원가 − 피매수기업의 순자산공정가치

= ₩1,100,000 − (₩2,000,000 − ₩1,200,000) = ₩300,000

[10-15] ④ 광업권은 ₩3,500,000(₩3,000,000 + ₩600,000 − ₩100,000)이다.

따라서 생산량비례법에 따라 상각하면,

₩3,500,000 × (200,000 / 1,000,000톤) = ₩700,000

[10-16] ④ 연구관련 지출(연구비) ₩150,000 → 전액 당기비용

경상적 지출(경상개발비) ₩400,000 → 전액 당기비용

비경상적 지출(개발비) ₩300,000 → 무형자산 → 20년 상각(₩15,000)

주관식

[10-1]

(1)	(차)	토　　지	300,000	(대)	당좌예금	300,000
(2)	(차)	토　　지	50,000	(대)	현　　금	50,000
(3)	(차)	건　　물	500,000	(대)	미지급금	500,000
(4)	(차)	건　　물	80,000	(대)	현　　금	80,000
(5)	(차)	토　　지	200,000*	(대)	당좌예금	800,000
		건　　물	600,000**			

* ₩800,000 × $\frac{1}{4}$ = ₩200,000

** ₩800,000 × $\frac{3}{4}$ = ₩600,000

(6)	(차)	건설중인 자산	200,000	(대)	현　　금	200,000
(7)	(차)	건설중인 자산	300,000	(대)	당좌예금	300,000
(8)	(차)	건설중인 자산	150,000	(대)	미지급금	100,000
					현　　금	50,000
	(차)	건　　물	650,000	(대)	건설중인 자산	650,000
(9)	(차)	건 물	350,000	(대)	자 본 금	300,000
					주식발행초과금	50,000
(10)	(차)	기계장치	300,000	(대)	자산수증이익	300,000

[10-2]

(1)	(차)	건　　물	800,000	(대)	당좌예금	800,000
(2)	(차)	수선유지비	500,000	(대)	현　　금	500,000
(3)	(차)	수선유지비	600,000	(대)	현　　금	600,000
(4)	(차)	기계장치	300,000	(대)	현　　금	300,000

(5) (차) 차량운반구 400,000 (대) 당좌예금 400,000

(6) (차) 건 물 900,000 (대) 미지급금 900,000

[10-3]

(1) 정액법

연 도	계산과정	매기 감가상각비	감가상각누계액	기말 장부금액
20×1	₩950,000 ÷ 4년	₩237,500	₩237,500	₩762,500
20×2	950,000 ÷ 4	237,500	475,000	525,000
20×3	950,000 ÷ 4	237,500	712,500	287,500
20×4	950,000 ÷ 4	237,500	950,000	50,000
합 계		950,000		

(2) 정률법

연 도	계산과정	매기 감가상각비	감가상각누계액	기말 장부금액
20×1	₩1,000,000 × 0.5	₩500,000	₩500,000	₩500,000
20×2	500,000 × 0.5	250,000	750,000	250,000
20×3	250,000 × 0.5	125,000	875,000	125,000
20×4	125,000 × 0.5	75,000*	950,000	50,000
합 계		950,000		

* 잔존가치가 취득원가의 5%인 ₩50,000이 되도록 마지막 연도에 끝 단위를 조정한다.

(3) 연수합계법

연 도	계산과정	매기 감가상각비	감가상각누계액	기말 장부금액
20×1	₩950,000 × 4/10	₩380,000	₩380,000	₩620,000
20×2	950,000 × 3/10	285,000	665,000	335,000
20×3	950,000 × 2/10	190,000	855,000	145,000
20×4	950,000 × 1/10	95,000	950,000	50,000
합 계		950,000		

[10-4]

연 도	계산과정	감가상각비
20×1	₩600,000×4/10×3/12	₩60,000
20×2	600,000×4/10×9/12 + 600,000×3/10×3/12	225,000
20×3	600,000×3/10×9/12 + 600,000×2/10×3/12	165,000
20×4	600,000×2/10×9/12 + 600,000×1/10×3/12	105,000
20×5	600,000×1/10×9/12	45,000
합 계		600,000

[10-5]

(1) 20×1년도 감가상각비

= (₩8,500,000 − 500,000) × 30,000/200,000 = ₩1,200,000

〈결산정리분개〉

(차) 감가상각비 1,200,000 (대) 감가상각누계액 1,200,000

(2) 20×2년도 감가상각비

= (₩8,500,000 − 500,000) × 50,000/200,000 = ₩2,000,000

〈결산정리분개〉

(차) 감가상각비 2,000,000 (대) 감가상각누계액 2,000,000

[10-6]

(1)

당초 취득원가	₩600,000
20×5년까지 감가상각누계액	(300,000) (=₩60,000×5년)
20×5년말 장부금액	₩300,000

20×6년도의 감가상각비 계상(변경된 연수합계법 적용)

(차) 감가상각비 100,000* (대) 감가상각누계액 100,000

* ₩300,000×5년/15년 = ₩100,000

(2)

당초 취득원가	₩600,000
20×5년까지 감가상각누계액(차감)	300,000
20×5년말 장부금액	₩300,000
변경된 잔존가치(차감)	30,000
변경 후 감가상각대상금액	₩270,000
변경 후 잔여 내용연수	÷ 10년
변경 후 연간 감가상각비	₩ 27,000

(차)	감가상각비	27,000	(대)	감가상각누계액	27,000

[10-7]

* 정액법에 의한 매기 감가상각비: (1,000,000 − 50,000) ÷ 5년 = ₩190,000
* 20×2년도까지의 감가상각누계액: ₩190,000 × 2 = ₩380,000
* 20×3년도 6개월분 감가상각비: ₩190,000 × 6/12 = ₩95,000
* 처분 시의 감가상각누계액: ₩380,000 + ₩95,000 = ₩475,000

〈20×3년도 6개월분 감가상각비 계상〉

(차)	감가상각비	95,000	(대)	감가상각누계액	95,000

〈처분에 대한 분개〉

(차)	현 금	500,000	(대)	건 물	1,000,000
	감가상각누계액	475,000			
	유형자산처분손실	25,000			

[10-8]

* 정률법에 의한 매기 감가상각비:

20×1년: ₩1,000,000 × 40% = ₩400,000

20×2년: ₩ 600,000 × 40% = ₩240,000

* 20×2년도까지의 감가상각누계액: ₩400,000 + ₩240,000 = ₩640,000

* 20×3년도 6개월분 감가상각비: ₩360,000 × 40% × 6/12 = ₩72,000

* 처분 시의 감가상각누계액: ₩640,000 + ₩72,000 = ₩712,000

〈20×3년도 6개월분 감가상각비 계상〉

(차)	감가상각비	72,000	(대)	감가상각누계액	72,000

〈처분에 대한 분개〉

(차)	현 금	500,000	(대)	건 물	1,000,000
	감가상각누계액	712,000		유형자산처분이익	212,000

[10-9]

* 연수합계법에 의한 매기 감가상각비 :

20×1년 : ₩3,000,000×5/15×6/12 = ₩500,000

20×2년 : ₩3,000,000×5/15×6/12 + ₩3,000,000×4/15×6/12 = ₩900,000

20×3년 : ₩3,000,000×4/15×6/12 + ₩3,000,000×3/15×6/12 = ₩700,000

* 20×3년도까지의 감가상각누계액 : ₩500,000+₩900,000+₩700,000
= ₩2,100,000

* 20×4년도 감가상각비 : ₩3,000,000×3/15×6/12 + ₩3,000,000×2/15×6/12
= ₩500,000

* 처분 시의 감가상각누계액 : ₩2,100,000 + ₩500,000 = ₩2,600,000

〈20×4년도 감가상각비 계상〉

(차)	감가상각비	500,000	(대)	감가상각누계액	500,000

〈처분에 대한 분개〉

(차)	현 금	500,000	(대)	기계장치	3,200,000

감가상각누계액　2,600,000
유형자산처분손실　100,000

[10-10]

(1) 리모델링 시점의 분개

(차)	건　물	300,000	(대)	현　금	300,000

(2) 20×6년 12월 31일의 분개

* 20×5년까지의 감가상각누계액 = (₩1,000,000 ÷ 10년) × 5 = ₩500,000
* 20×6년 초의 건물의 장부금액 = (₩1,000,000 − 500,000) + ₩300,000
　= ₩800,000
* 20×6년도의 감가상각비 = ₩800,000 ÷ 8년 = ₩100,000
* 분개

(차)	감가상각비	100,000	(대)	감가상각누계액	100,000

(3) 건물 = ₩1,000,000 + ₩300,000 = ₩1,300,000
　감가상각누계액 = ₩500,000 + ₩100,000 = ₩600,000

[10-11]

(1) 취득시점

(차)	산업재산권 (특허권)	500,000	(대)	현　금	500,000

(2) 상각시점

(차)	무형자산상각비	100,000*	(대)	산업재산권	100,000

* ₩500,000 ÷ 5년 = ₩100,000

[10-12]

(1) 연구개발비 지출에 따른 분개

(차)	연구비(비용)	500,000	(대)	현　　금	900,000
	개발비 (무형자산)	300,000			
	경상개발비 (비용)	100,000			

(2) 개발비(무형자산)의 상각에 관한 분개

(차)	개발비상각비	60,000*	(대)	개 발 비	60,000

* ₩300,000 ÷ 5년 = ₩60,000

[10-13]

(차)	현　　금	100,000	(대)	매입채무	500,000
	매출채권	200,000		단기차입금	400,000
	상　　품	300,000		장기차입금	300,000
	건　　물	400,000		자 본 금	250,000
	비　　품	500,000		현　　금	200,000
	영 업 권	150,000			

제11장 금융자산과 기타 투자자산

객관식

[11-1] ④ 당기손익인식금융자산은 유동자산으로 분류한다.

[11-2] ① 기타포괄손익인식금융자산평가손익은 포괄손익계산서에 기타포괄손익으로 반영된다.

[11-3] ③

[11-4] ③

취득원가 = 100주×₩6,000 + 200주×₩15,400 + 300주×₩4,000 + 400주×₩5,000
= ₩6,880,000

시가총액 = 100주×₩7,000 + 200주×₩12,000 + 300주×₩5,000 + 400주×₩3,000
= ₩5,800,000

∴ 시가총액 하락분 = ₩6,880,000 − ₩5,800,000 = ₩1,080,000(평가손실로 인식)

[11-5] ② 당기손익인식금융자산은 공정가치(시가)로 기록해야 하므로 ₩102,000으로 계상한다.

[11-6] ② 당기손익인식금융자산평가손익은 그 중요성에 관계없이 당기손익으로 처리하여 포괄손익계산서의 당기손익으로 인식한다.

[11-7] ④ 처분이익 = (₩1,600,000 + ₩1,830,000) − (₩1,620,000 + ₩1,550,000) = ₩260,000

장부가액 = 20x2년 12월 31일 시가총액 = ₩1,180,000 + ₩1,160,000
= ₩2,340,000

주관식

[11-1]

〈당기손익인식금융자산일 경우〉

1. 분개

(1)	(차)	당기손익인식금융자산	200,000	(대)	현 금	206,000
		증권거래세	6,000			
(2)	(차)	당기손익인식금융자산	40,000	(대)	당기손익인식금융자산평가이익	40,000
(3)	(차)	현 금	20,000	(대)	배당금수익	20,000

2. 재무상태표와 포괄손익계산서

재무상태표

유동자산		이익잉여금	
딩기손익인식금융자산	240,000	(당기순이익)	54,000

포괄손익계산서

영업외수익	
배당금수익	20,000
당기손익인식금융자산평가이익	40,000
영업외비용	
증권거래세	(6,000)
당기순이익	54,000

〈기타포괄손익인식금융자산일 경우〉

1. 분개

(1)	(차)	기타포괄손익인식금융자산	206,000	(대)	현 금	206,000
(2)	(차)	기타포괄손익인식금융자산	34,000	(대)	기타포괄손익인식금융자산평가이익	34,000
(3)	(차)	현 금	20,000	(대)	배당금수익	20,000

2. 재무상태표와 포괄손익계산서

재무상태표

유동자산 또는 투자자산		기타포괄손익누계액	34,000
기타포괄손익인식금융자산	240,000	이익잉여금(당기순이익)	20,000

포괄손익계산서

영업외수익	
배당금수익	20,000
당기순이익	20,000
기타포괄손익	
기타포괄손익인식금융자산평가이익	34,000
총포괄손익	54,000

[11-2]

〈당기손익인식금융자산일 경우〉

(1)	(차)	당기손익인식금융자산(A)	100,000	(대)	현 금	115,000
		수수료비용	15,000			

(2) (차) 당기손익인식금융자산(B) 300,000 (대) 현 금 325,000

수수료비용 25,000

(3) (차) 당기손익인식금융자산 80,000 (대) 당기손익인식금융자산평가이익 80,000*

구 분	취득원가	공정가치	평가이익(평가손실)
A사 주식	₩100,000	₩80,000	₩(20,000)
B사 주식	300,000	400,000	100,000
계	400,000	480,000	*₩80,000

(4) (차) 현 금 40,000 (대) 배당금수익 40,000*

* 100주 × ₩100 + 200주 × ₩150 = ₩40,000

(5) (차) 현 금 215,000 (대) 당기손익인식금융자산(A) 40,000

당기손익인식금융자산처분손실 25,000* 당기손익인식금융자산(B) 200,000

구 분	처분 전 장부금액	처분금액	처분이익(처분손실)
A사 주식	₩40,000	₩45,000	₩5,000
B사 주식	200,000	170,000	(30,000)
계	240,000	215,000	*₩(25,000)

〈기타포괄손익인식금융자산일 경우〉

(1) (차) 기타포괄손익인식금융자산(A) 115,000 (대) 현 금 115,000

(2) (차) 기타포괄손익인식금융자산(B) 325,000 (대) 현 금 325,000

(3) (차) 기타포괄손익인식금융자산평가손실 35,000 (대) 기타포괄손익인식금융자산(A) 35,000

기타포괄손익인식금융자산(B) 75,000 기타포괄손익인식금융자산평가이익 75,000

→ 기타포괄손익인식금융자산평가손익은 기타포괄손익인식금융자산의 종목별로 누적액을 관리해야 하므로 종목별 평가이익과 평가손실을 상계하지 아니한다.

(4) (차) 현 금 40,000 (대) 배당금수익 40,000

(5) (차) 현 금 215,000 (대) 기타포괄손익인식금융자산(A) 40,000

기타포괄손익인식금융자산처분손실 25,000 기타포괄손익인식금융자산(B) 200,000

→ 주식은 지분상품이므로 처분시 남아있는 기타포괄손익인식금융자산평가손익을 제거하지 않는다. 만약 지분상품이 아니라 채무상품의 경우에는 처분시 다음과 같이 회계처리하여야 한다.

(차) 현 금 215,000 (대) 기타포괄손익인식금융자산(A) 40,000

기타포괄손익인식금융자산평가이익 37,500 기타포괄손익인식금융자산(B) 200,000

기타포괄손익인식금융자산처분손실 5,000 기타포괄손익인식금융자산평가손실 17,500

[11-3]

〈분개〉

(1) (차) 기타포괄손익인식금융자산 160,000 (대) 당좌예금 160,000

(2) (차) 기타포괄손익인식금융자산평가손실 30,000 (대) 기타포괄손익인식금융자산 30,000

(3) (차) 기타포괄손익인식금융자산 40,000 (대) 기타포괄손익인식금융자산평가손실 30,000

기타포괄손익인식금융자산평가이익 10,000

(4) (차) 현 금 70,000 (대) 기타포괄손익인식금융자산 85,000

기타포괄손익인식금융자산처분손실 15,000

(5) (차) 기타포괄손익인식금융자산평가이익 10,000 (대) 기타포괄손익인식금융자산 15,000

기타포괄손익인식금융자산평가손실 5,000

〈20×3년말 기타포괄손익인식금융자산과 기타포괄손익인식금융자산평가손익의 금액〉

(1) 기타포괄손익인식금융자산의 금액

= 160,000 − 30,000 + 40,000 − 85,000 − 15,000 = ₩70,000

(2) 기타포괄손익인식금융자산평가손익의 금액

= − 30,000 + 40,000 − 5,000 − 15,000

= − ₩10,000(기타포괄손익인식금융자산평가손실)

→ 만약 채무상품의 경우에는 (4), (5)의 분개는 다음과 같이 달라진다.

(4)	(차)	현 금	70,000	(대)	기타포괄손익인식금융자산	85,000
		기타포괄손익인식금융자산평가이익	5,000			
		기타포괄손익인식금융자산처분손실	10,000			
(5)	(차)	기타포괄손익인식금융자산평가이익	5,000	(대)	기타포괄손익인식금융자산	15,000
		기타포괄손익인식금융자산평가손실	10,000			

〈채무상품일 경우 20x3년말 기타포괄손익인식금융자산과 기타포괄손익인식금융자산평가손익의 금액〉

→ 20×3년말 기타포괄손익인식금융자산의 금액은 지분상품인 주식과 동일하지만, 기타포괄손익인식금융자산평가손익의 금액은 다음과 같이 달라진다.

= − 30,000 + 40,000 − 5,000 − 5,000 − 10,000

= − ₩10,000(기타포괄손익인식금융자산평가손실)

[11-4]

(1)	(차)	관계기업투자주식	206,000	(대)	현 금	206,000
(2)	(차)	관계기업투자주식	50,000	(대)	관계기업투자이익	50,000*

* ₩200,000 × 25% = ₩50,000

(3) 분개 없음

(4)	(차)	현 금	20,000	(대)	관계기업투자주식	20,000
(5)	(차)	현 금	240,000	(대)	관계기업투자주식	236,000
					관계기업투자주식처분이익	4,000

제12장 비유동부채

객관식

[12-1] ○ [12-2] ○ [12-3] × [12-4] ×

[12-5] ○ [12-6] ○

[12-7] ④ 비유동부채는 1년 이상의 장기성채무가 해당된다.

[12-8] ④ 정상적인 영업주기 내에 소멸할 것으로 예상되는 매입채무와 미지급비용 등은 보고기간종료일로부터 1년 이내에 결제되지 않더라도 유동부채로 분류한다. 다만, 그러한 내용을 주석에 기재한다.

[12-9] ② 사채와 충당부채는 비유동부채에 해당한다.

[12-10] ④

[12-11] ④ 이연법인세는 비유동부채에 해당한다.

[12-12] ②

[12-13] ④ 만기금액과 이자지급액을 유효이자율(시장이자율)로 할인한 현재가치의 합계가 사채의 발행금액이다.

[12-14] ③ 발행금액에서 차감하는 것이 아니라 사채액면금액에 차감하는 형식으로 기록한다.

[12-15] ①

② 사채할인발행차금 상각액은 사채액면 이자비용에 가산된다.

③ 증가한다.

④ 유효이자율법으로 상각한다.

[12-16] ③

사채발행금액 = ₩100,000 × 8% (3년 현재가치요소)

+ ₩100,000 × 5% × 8% (3년 연금현재가치요소) = ₩92,266

2012년 사채할인발행차금 상각액 = ₩92,266×8% − ₩100,000×5%

= ₩2,381

2013년 사채할인발행차금 상각액 = ₩94,647×8% − ₩100,000×5%

= ₩2,572

∴ 2013년 말 사채장부금액은 ₩94,647 + ₩2,572 = ₩97,219

주관식

[12-1]

(1)	(차)	현　금	100,000	(대)	사　채	100,000
(2)	(차)	이자비용	8,000	(대)	현　금	8,000
(3)	(차)	이자비용	8,000	(대)	현　금	8,000
(4)	(차)	이자비용	8,000	(대)	현　금	108,000
		사　채	100,000			

[12-2]

(1)

〈사채의 발행금액〉

① 3년 뒤에 지급받게 될 원금(액면금액) ₩100,000의 현재가치

= ₩100,000 × 0.7513 = ₩75,130

② 매년 ₩8,000씩 지급받게 되는 3년간의 이자 ₩24,000의 현재가치

= ₩8,000 × 2.4868 = ₩19,894

① + ② = ₩95,024

〈사채발행의 분개〉

(차)	현 금	95,024	(대)	사 채	100,000
	사채할인발행차금	4,976			

(2)

〈유효이자율법에 의한 사채할인발행차금 상각표〉

연 도	유효이자(A)	현금이자(B)	사채할인발행차금		장부금액(E)
			상각(C)	잔액(D)	
	전기말(E) × 10%	액면금액 × 8%	(A) − (B)	전기말(D) − (C)	액면금액 − (D)
20×1년 1. 1				₩4,976	₩95,024
20×1년 12. 31	₩9,502	₩8,000	₩1,502	3,474	96,526
20×2년 12. 31	9,653	8,000	1,653	1,821	98,179
20×3년 12. 31	9,821	8,000	1,821	0	100,000

〈이자비용의 분개〉

	(차)	이자비용	9,502	(대)	현 금	8,000
					사채할인발행차금	1,502
(3)	(차)	이자비용	9,653	(대)	현 금	8,000
					사채할인발행차금	1,653
(4)	(차)	이자비용	9,821	(대)	현 금	8,000
					사채할인발행차금	1,821
	(차)	사 채	100,000	(대)	현 금	100,000

[12-3]

(1)

〈사채의 발행금액〉

① 3년 뒤에 지급받게 될 원금(액면금액) ₩100,000의 현재가치

= ₩100,000 × 0.8396 = ₩83,960

② 매년 ₩8,000씩 지급받게 되는 3년간의 이자 ₩24,000의 현재가치

= ₩8,000 × 2.6730 = ₩21,384

① + ② = ₩105,344

〈사채발행의 분개〉

(차)	현 금	105,344	(대)	사 채	100,000
				사채할증발행차금	5,344

(2)

〈유효이자율법에 의한 사채할증발행차금 상각표〉

연 도	유효이자(A)	현금이자(B)	사채할증발행차금		장부금액(E)
			상각(C)	잔액(D)	
	전기말(E) × 6%	액면금액 × 8%	(B) − (A)	전기말(D) − (C)	액면금액 + (D)
20×1년 1. 1				₩5,344	₩105,344
20×1년 12. 31	₩6,321	₩8,000	₩1,679	3,665	103,665
20×2년 12. 31	6,220	8,000	1,780	1,885	101,885
20×3년 12. 31	6,115	8,000	1,885	0	100,000

〈이자비용의 분개〉

	(차)	이자비용	6,321	(대)	현 금	8,000
		사채할증발행차금	1,679			
(3)	(차)	이자비용	6,220	(대)	현 금	8,000
		사채할증발행차금	1,780			
(4)	(차)	이자비용	6,115	(대)	현 금	8,000
		사채할증발행차금	1,885			
	(차)	사 채	100,000	(대)	현 금	100,000

[12-4]

(1)

〈사채의 발행금액〉

① 3년 뒤에 지급받게 될 원금(액면금액) ₩100,000의 현재가치

= ₩100,000 × 0.7462 = ₩74,620

② 1회 ₩4,000씩 지급받게 되는 6회분의 이자 ₩24,000의 현재가치

= ₩4,000 × 5.0757 = ₩20,303

① + ② = ₩94,923

〈사채발행의 분개〉

(차)	현　　금	94,923	(대)	사　　채	100,000
	사채할인발행차금	5,077			

(2)

〈유효이자율법에 의한 사채할인발행차금 상각표〉

연　도	유효이자(A)	현금이자(B)	사채할인발행차금 상각(C)	사채할인발행차금 잔액(D)	장부금액(E)
	전기말(E) × 5%	액면금액 × 4%	(A) − (B)	전기말(D) − (C)	액면금액 − (D)
20×1년 1. 1				₩5,077	₩94,923
20×1년 6. 30	₩4,746	₩4,000	₩746	4,331	95,669
20×1년 12. 31	4,783	4,000	783	3,548	96,452
20×2년 6. 30	4,823	4,000	823	2,725	97,275
20×2년 12. 31	4,864	4,000	864	1,861	98,139
20×3년 6. 30	4,907	4,000	907	954	99,046
20×3년 12. 31	4,954	4,000	954	0	100,000

〈이자비용의 분개〉

	(차)	이자비용	4,746	(대)	현　　금	4,000
					사채할인발행차금	746
(3)	(차)	이자비용	4,783	(대)	현　　금	4,000
					사채할인발행차금	783

(4) (차) 이자비용 4,823 (대) 현 금 4,000
사채할인발행차금 823

(5) (차) 이자비용 4,864 (대) 현 금 4,000
사채할인발행차금 864

(6) (차) 이자비용 4,907 (대) 현 금 4,000
사채할인발행차금 907

(7) (차) 이자비용 4,954 (대) 현 금 4,000
사채할인발행차금 954

[12-5]

(1) 연습문제 [12-2]와 동일

(차) 현 금 95,024 (대) 사 채 100,000
사채할인발행차금 4,976

(2)

〈유효이자율법에 의한 사채할인발행차금 상각표〉

연 도	유효이자(A)	현금이자(B)	사채할인발행차금 상각(C)	사채할인발행차금 잔액(D)	장부금액(E)
	전기말(E) × 10%	액면금액 × 8%	(A) − (B)	전기말(D) − (C)	액면금액 − (D)
발 행 일				₩4,976	₩95,024
1차년도	₩9,502	₩8,000	₩1,502	3,474	96,526
2차년도	9,653	8,000	1,653	1,821	98,179
3차년도	9,821	8,000	1,821	0	100,000

〈20×1년도 이자비용〉 = ₩9,502 × 3/12 = ₩2,376

〈20×1년 말의 미지급이자〉 = ₩8,000 × 3/12 = ₩2,000

〈사채할인발행차금의 상각〉 = ₩2,376 − ₩2,000 = ₩376

〈이자비용의 분개〉

(차)	이자비용	2,376	(대)	미지급이자	2,000
				사채할인발행차금	376

(3)

〈20×2년 1월 1일부터 9월 30일까지의 이자비용〉

= ₩9,502 × 9/12 = ₩7,126(혹은 ₩9,502 − ₩2,376)

〈현금이자 지급액〉 = ₩8,000

〈미지급이자 감소액〉 = ₩2,000

〈사채할인발행차금의 상각〉

= ₩7,126 − (8,000 − 2,000) = ₩1,126(혹은 ₩1,502 − ₩376)

〈이자비용의 분개〉

(차)	이자비용	7,126	(대)	현　　금	8,000
	미지급이자	2,000		사채할인발행차금	1,126

(4)

〈20×2년 10월 1일부터 12월 31일까지의 이자비용〉

= ₩9,653 × 3/12 = ₩2,413

〈20×2년 말의 미지급이자〉 = ₩8,000 × 3/12 = ₩2,000

〈사채할인발행차금의 상각〉 = ₩2,413 − ₩2,000 = ₩413

〈이자비용의 분개〉

(차)	이자비용	2,413	(대)	미지급이자	2,000
				사채할인발행차금	413

(5)

〈20×3년 1월 1일부터 9월 30일까지의 이자비용〉

= ₩9,653 × 9/12 = ₩7,240(혹은 ₩9,653 − ₩2,413)

〈현금이자 지급액〉 = ₩8,000

〈미지급이자 감소액〉 = ₩2,000

〈사채할인발행차금의 상각〉

= ₩7,240 − (8,000 − 2,000) = ₩1,240(혹은 ₩1,653 − ₩413)

〈이자비용의 분개〉

(차)	이자비용	7,240	(대)	현　　금	8,000
	미지급이자	2,000		사채할인발행차금	1,240

(6)

〈20×3년 10월 1일부터 12월 31일까지의 이자비용〉

= ₩9,821 × 3/12 = ₩2,455

〈20×3년 말의 미지급이자〉 = ₩8,000 × 3/12 = ₩2,000

〈사채할인발행차금의 상각〉 = ₩2,455 − ₩2,000 = ₩455

〈이자비용의 분개〉

(차)	이자비용	2,455	(대)	미지급이자	2,000
				사채할인발행차금	455

(7)

〈20×4년 1월 1일부터 9월 30일까지의 이자비용〉

= ₩9,821 × 9/12 = ₩7,366(혹은 ₩9,821 − ₩2,455)

〈현금이자 지급액〉 = ₩8,000

〈미지급이자 감소액〉 = ₩2,000

〈사채할인발행차금의 상각〉

= ₩7,366 − (8,000 − 2,000) = ₩1,366(혹은 ₩1,821 − ₩455)

〈이자비용의 분개〉

(차)	이자비용	7,366	(대)	현　　금	8,000
	미지급이자	2,000		사채할인발행차금	1,366

[12-6]

(1)

〈사채의 발행금액〉 = ① + ② = ₩92,788

① 5년 뒤에 지급받게 될 원금(액면금액) ₩100,000의 현재가치

= ₩100,000 × 0.5674 = ₩56,740

② 매년 ₩10,000씩 지급받게 되는 5년간의 이자 ₩50,000의 현재가치

= ₩10,000 × 3.6048 = ₩36,048

〈사채할인발행차금〉 = ₩100,000 − ₩92,788 = ₩7,212

〈20×1년 말의 장부금액〉

= ₩92,788 + (92,788×12% − 100,000×10%) = ₩93,923

〈20×2년 말의 장부금액〉

= ₩93,923 + (93,923×12% − 100,000×10%) = ₩95,194

〈20×3년 1월 1일 현재 사채할인발행차금의 잔액〉

= ₩100,000 − ₩95,194 = ₩4,806

〈분개〉

(차)	사　　채	100,000	(대)	현　　금	98,000
	사채상환손실	2,806		사채할인발행차금	4,806

(2)

〈사채의 발행금액〉 = ① + ② = ₩107,987

① 5년 뒤에 지급받게 될 원금(액면금액) ₩100,000의 현재가치

= ₩100,000 × 0.6806 = ₩68,060

② 매년 ₩10,000씩 지급받게 되는 5년간의 이자 ₩50,000의 현재가치

= ₩10,000 × 3.9927 = ₩39,927

〈사채할증발행차금〉 = ₩107,987 − ₩100,000 = ₩7,987

〈20×1년 말의 장부금액〉

= ₩107,987 − (100,000×10% − 107,987×8%) = ₩106,626

〈20×2년 말의 장부금액〉

= ₩106,626 − (100,000×10% − 106,626×8%) = ₩105,156

〈20×3년 1월 1일 현재 사채할증발행차금의 잔액〉

= ₩105,156 − ₩100,000 = ₩5,156

〈분개〉

(차)	사 채	100,000	(대)	현 금	98,000
	사채할증발행차금	5,156		사채상환이익	7,156

[12-7]

(1)

〈사채의 발행금액〉

① 3년 뒤에 지급받게 될 원금(액면금액) ₩100,000의 현재가치

= ₩100,000 × 0.7513 = ₩75,130

② 매년 ₩8,000씩 지급받게 되는 3년간의 이자 ₩24,000의 현재가치

= ₩8,000 × 2.4868 = ₩19,894

① + ② = ₩95,024

〈분개〉

	(차)	상각후원가측정금융자산	95,024	(대)	현 금	95,024
(2)	(차)	현 금	8,000	(대)	이자수익	9,502

		상각후원가측정금융자산	1,502			
(3)	(차)	현　금	8,000	(대)	이자수익	9,653
		상각후원가측정금융자산	1,653			
(4)	(차)	현　금	8,000	(대)	이자수익	9,821
		상각후원가측정금융자산	1,821			

(유효이자율법에 의한 사채할인발행차금 상각표는 연습문제 [12-2]의 해답 참조)

[12-8]

(1)

〈사채의 발행금액〉

① 3년 뒤에 지급받게 될 원금(액면금액) ₩100,000의 현재가치

= ₩100,000 × 0.8396 = ₩83,960

② 매년 ₩8,000씩 지급받게 되는 3년간의 이자 ₩24,000의 현재가치

= ₩8,000 × 2.6730 = ₩21,384

① + ② = ₩105,344

〈분개〉

	(차)	상각후원가측정금융자산	105,344	(대)	현　금	105,344
(2)	(차)	현　금	8,000	(대)	이자수익	6,321
					상각후원가측정금융자산	1,679
(3)	(차)	현　금	8,000	(대)	이자수익	6,220
					상각후원가측정금융자산	1,780
(4)	(차)	현　금	8,000	(대)	이자수익	6,115
					상각후원가측정금융자산	1,885

(유효이자율법에 의한 사채할증발행차금 상각표는 연습문제 [12-3]의 해답 참조)

[12-9]

(1)	(차)	현 금	5,000,000	(대)	매 출	5,000,000
		제품보증비	150,000		제품보증충당부채	150,000
(2)	(차)	제품보증충당부채	100,000	(대)	현 금	100,000
(3)	(차)	현 금	6,000,000	(대)	매 출	6,000,000
		제품보증비	180,000		제품보증충당부채	180,000
(4)	(차)	제품보증충당부채	200,000	(대)	현 금	200,000

(5) 제품보증비 = ₩150,000

제품보증충당부채 = ₩150,000 − ₩100,000 = ₩50,000

(6) 제품보증비 = ₩180,000

제품보증충당부채 = ₩50,000 + ₩180,000 − ₩200,000 = ₩30,000

제13장 자 본

객관식

[13-1] × [13-2] × [13-3] ×

[13-4] ④ 자본금은 발행방법에 상관없이 액면금액에 발행주식수를 곱한 형식적인 금액으로 기록한다.

[13-5] ② ㉠은 자본금, ㉡은 자본잉여금, ㉢은 기타포괄손익누계액이다.

[13-6] ③ 주식배당은 미처분이익잉여금이 납입자본으로 대체되는 효과가 있으므로 순자산(자본총계)은 변동하지 않는다.

[13-7] ② 자기주식은 자본의 차감항목이다.

[13-8] ① 결손금처리순서는 임의적립금 → 기타법정적립금 → 이익준비금 → 자본잉여금의 순서로 이입된다.

[13-9] ④ 자본조정항목이다.

[13-10] ④ 자본잉여금은 감자차익과 주식발행초과금, 자기주식처분이익이 속한다.

[13-11] ① 회사는 그 자본의 2분의 1에 달할 때까지 매결산기의 금전에 의한 이익배당액의 10분의 1이상의 금액을 이익준비금으로 적립하여야 한다. 따라서 ₩25,000임.

[13-12] ④ 사채할인발행차금 상각액은 사채할인발행시 사채 장부가액에 차감하는 형식으로 기록하고 유효이자율법에 따라 상각되어 이자비용에 가산된다.

주관식

[13-1]

(1)	(차)	현 금	150,000	(대)	자 본 금	150,000
(2)	(차)	현 금	200,000	(대)	자 본 금	150,000
					주식발행초과금	50,000
(3)	(차)	현 금	100,000	(대)	자 본 금	150,000
		주식할인발행차금	50,000			
(4)	(차)	현 금	190,000	(대)	자 본 금	150,000
					주식발행초과금	40,000
(5)	(차)	현 금	90,000	(대)	자 본 금	150,000
		주식할인발행차금	60,000			

[13-2]

(1)	(차)	현 금	60,000	(대)	자 본 금	50,000
					주식발행초과금	10,000
(2)	(차)	이익준비금	5,000	(대)	자 본 금	5,000
(3)	(차)	미처분이익잉여금	5,000	(대)	자 본 금	5,000

[13-3]

(1)	(차)	자 본 금	100,000	(대)	현 금	90,000
					감자차익	10,000

(2)	(차)	자 본 금	100,000	(대)	현 금	120,000
		감자차익	10,000			
		감자차손	10,000			
(3)	(차)	자 본 금	500,000	(대)	미처리결손금	400,000
					감자차익	100,000

[13-4]

(1)	(차)	자기주식	50,000	(대)	현 금	50,000
(2)	(차)	현 금	30,000	(대)	자기주식	25,000
					자기주식처분이익	5,000
(3)	(차)	현 금	9,000	(대)	자기주식	15,000
		자기주식처분이익	5,000			
		자기주식처분손실	1,000			

[13-5]

(1)	(차)	손 익	300,000	(대)	미처분이익잉여금	300,000
(2)	(차)	사업확장적립금	200,000	(대)	미처분이익잉여금	200,000
		미처분이익잉여금	250,000		이익준비금	150,000
					미지급배당금	100,000

(3)

이익잉여금처분계산서

20×1년 1월 1일부터
20×1년 12월 31일까지
처분확정일 20×2년 3월 16일

A사 (단위 : 원)

과 목	금 액	
I. 미처분이익잉여금		700,000
1. 전기이월미처분이익잉여금	400,000	
2. 당기순이익	300,000	
II. 임의적립금 등의 이입액		200,000
1. 사업확장적립금	200,000	
합 계		900,000
III. 이익잉여금처분액		(250,000)
1. 이익준비금	150,000	
2. 배 당 금	100,000	
IV. 차기이월미처분이익잉여금		650,000

(4)

1) 이익준비금 = ₩800,000 + ₩150,000 = ₩950,000

2) 사업확장적립금 = ₩600,000 − ₩200,000 = ₩400,000

3) 미처분이익잉여금 = ₩400,000 + ₩300,000 + ₩200,000 − ₩150,000 − ₩100,000 = ₩650,000(차기이월미처분이익잉여금과 동일)

[13-6]

(1) 분개

①	(차)	현 금	600,000	(대)	자 본 금	500,000
					주식발행초과금	100,000
②	(차)	자기주식	140,000	(대)	현 금	140,000
③	(차)	손 익	150,000	(대)	미처분이익잉여금	150,000

④	(차)	미처분이익잉여금	400,000	(대)	이익준비금	50,000
					배당평균적립금	150,000
					현　　금	200,000

(2) 20×2년 말의 자본 내역

1. 자 본 금		₩1,500,000
2. 자본잉여금		600,000
3. 자본조정		(440,000)
4. 이익잉여금		
이익준비금	150,000	
임의적립금	350,000	
미처분이익잉여금	50,000*	550,000
자본총계		2,210,000

* ₩300,000 + ₩150,000 − ₩400,000 = ₩50,000

(3) 자본변동표

자본변동표

B사　　20×2년 1월 1일부터 20×2년 12월 31일까지　　(단위 : 천원)

구　분	자본금	자본 잉여금	자본 조정	기타포괄 손익누계액	이익 잉여금	총 계
20×2. 1. 1(보고금액)	1,000	500	(300)	−	600	1,800
현금배당					(200)	(200)
유상증자	500	100				600
당기순이익					150	150
자기주식 취득			(140)	−		(140)
20×2. 12. 31	1,500	600	(440)	−	550*	2,210

* 이익준비금과 배당평균적립금의 적립은 이익잉여금의 합계액에는 변화를 주지 않기 때문에 자본변동표에는 그 내역이 표시되지 않는다.

제14장 결산 및 재무제표의 작성(종합)

[14-1]

(1)

〈결산정리분개〉

		차변	금액		대변	금액
(1)	(차)	현 금	30,000	(대)	잡 이 익	30,000
(2)	(차)	이자비용	20,000	(대)	당좌예금	20,000
(3)	(차)	당기손익인식금융자산평가손실	50,000	(대)	당기손익인식금융자산	50,000
(4)	(차)	대손충당금	10,000	(대)	대손충당금환입	10,000
(5)	(차)	매출원가	200,000	(대)	상 품	200,000
		매출원가	500,000		매 입	500,000
		상 품	250,000		매출원가	250,000
(6)	(차)	감가상각비	80,000	(대)	감가상각누계액	80,000
(7)	(차)	기타포괄손익인식금융자산	50,000	(대)	기타포괄손익인식금융자산평가손실	30,000
					기타포괄손익인식금융자산평가이익	20,000
(8)	(차)	사채할증발행차금	10,000	(대)	이자비용	10,000
(9)	(차)	퇴직급여	30,000	(대)	퇴직급여채무	30,000
(10)	(차)	이자수익	20,000	(대)	선수이자	20,000
(11)	(차)	미수임대료	30,000	(대)	임 대 료	30,000
(12)	(차)	보 험 료	30,000	(대)	미지급보험료	30,000
(13)	(차)	선급이자	10,000	(대)	이자비용	10,000

(2)

정 산 표

(주)경성 20×1. 1. 1 ~ 12. 31 (단위 : 천원)

계정과목	잔액시산표		결산정리분개		포괄손익계산서		재무상태표	
	차 변	대 변	차 변	대 변	차 변	대 변	차 변	대 변
현 금	120		30				150	
당 좌 예 금	150			20			130	
당기손익인식금융자산	500			50			450	
외상매출금	800						800	
대손충당금		50	10					40
상 품	200		250	200			250	
토 지	300						300	
비 품	400						400	
감가상각누계액		80		80				160
기타포괄손익인식금융자산	350		50				400	
단기차입금		450						450
사 채		800						800
사채할증발행차금		50	10					40
퇴직급여채무		270		30				300
자 본 금		600						600
기타포괄손익인식금융자산평가손실	30			30				
이익준비금		100						100
사업확장적립금		120						120
미처분이익잉여금		180						180
매 출		900				900		
이 자 수 익		80	20			60		
임 대 료		50		30		80		
매 입	500			500				
급 여	250				250			
보 험 료	70		30		100			

계정과목	잔액시산표		결산정리분개		포괄손익계산서		재무상태표	
	차 변	대 변	차 변	대 변	차 변	대 변	차 변	대 변
이 자 비 용	60		20	10	60			
				10				
계	3,730	3,730						
잡 이 익				30		30		
당기손익인식금융자산평가손실			50		50			
대손충당금환입				10		10		
매 출 원 가			200	250	450			
			500					
감가상각비			80		80			
기타포괄손익인식금융자산평가이익				20		20		
퇴 직 급 여			30		30			
선 수 이 자				20				20
미수임대료			30				30	
미지급보험료				30				30
선 급 이 자			10				10	
당기순이익					60			60
기타포괄손익					20			20
합 계			1,320	1,320	1,100	1,100	2,920	2,920

〈재무상태표〉

재무상태표

(주)경성 20×1. 12. 31 (단위 : 원)

과 목	금 액	과 목	금 액
		단기차입금	450,000
현 금	150,000	미지급보험료	30,000
당 좌 예 금	130,000	선 수 이 자	20,000
당기손익인식금융자산	450,000	사 채	800,000
외상매출금	800,000	사채할증발행차금	40,000
대손충당금	(40,000)	퇴직급여채무	300,000
선 급 이 자	10,000	부 채 총 계	1,640,000
미수임대료	30,000	자 본 금	600,000
상 품	250,000	기타포괄손익인식금융자산평가이익	20,000
기타포괄손익인식금융자산	400,000	이익준비금	100,000
토 지	300,000	사업확장적립금	120,000
비 품	400,000	미처분이익잉여금	240,000
감가상각누계액	(160,000)	(당기순이익: 60,000)	
		자 본 총 계	1,080,000
자 산 총 계	2,720,000	부채 및 자본총계	2,720,000

〈당기순이익을 미처분이익잉여금 계정에 대체분개〉

(차) 손 익 60,000 (대) 미처분이익잉여금 60,000

〈포괄손익계산서〉

포괄손익계산서

(주)경성 20×1. 1. 1 ~ 12. 31 (단위 : 원)

과 목	금 액	
Ⅰ. 매 출 액		900,000
Ⅱ. 매 출 원 가		
1. 기초상품재고액	200,000	
2. 당기상품매입액	500,000	
3. 기말상품재고액	(250,000)	(450,000)
Ⅲ. 매출총이익		450,000
Ⅳ. 판매비와 관리비		
급 여	250,000	
퇴직급여	30,000	
보 험 료	100,000	
감가상각비	80,000	(460,000)
Ⅴ. 영업이익		(10,000)
Ⅵ. 영업외수익		
이자수익	60,000	
임 대 료	80,000	
대손충당금환입	10,000	
잡 이 익	30,000	180,000
Ⅶ. 영업외비용		
이자비용	60,000	
당기손익인식금융자산평가손실	50,000	(110,000)
Ⅷ. 당기순이익		60,000
Ⅸ. 기타포괄손익		
기타포괄손익인식금융자산평가이익	20,000	20,000
Ⅹ. 총포괄손익		80,000

(3)

〈분개〉

(차)	사업확장적립금	50,000	(대)	미처분이익잉여금	50,000
	미처분이익잉여금	130,000		이익준비금	30,000
				미지급배당금	100,000

〈이익잉여금처분계산서〉

이익잉여금처분계산서

20×1. 1. 1 ~ 12. 31

(주)경성 처분확정일 20×2년 3월15일 (단위 : 원)

과 목	금 액	
Ⅰ. 미처분이익잉여금		240,000
1. 전기이월미처분이익잉여금	180,000	
2. 당기순이익	60,000	
Ⅱ. 임의적립금 등의 이입액		50,000
1. 사업확장적립금	50,000	
합 계		290,000
Ⅲ. 이익잉여금처분액		(130,000)
1. 이익준비금	30,000	
2. 배 당 금	100,000	
Ⅳ. 차기이월미처분이익잉여금		160,000

[14-2]

(1)

〈결산정리분개〉

(1)	(차)	잡 손 실	30,000	(대)	현금과부족	30,000
(2)	(차)	대손상각비	18,000	(대)	대손충당금	18,000

(3)	(차)	매출원가	300,000	(대)	상　　품	300,000
		매출원가	4,000,000		매　　입	4,000,000
		상　　품	400,000		매출원가	400,000
(4)	(차)	관계기업투자주식	30,000	(대)	관계기업투자이익	30,000
(5)	(차)	감가상각비	168,000	(대)	감가상각누계액	168,000
(6)	(차)	이자비용	10,000	(대)	사채할인발행차금	10,000
(7)	(차)	이자수익	30,000	(대)	선수이자	30,000
(8)	(차)	선급보험료	50,000	(대)	보 험 료	50,000
(9)	(차)	소 모 품	30,000	(대)	소모품비	30,000
(10)	(차)	이자비용	30,000	(대)	미지급이자	30,000

(2)

정 산 표

(주)대연　　20×1. 1. 1 ~ 12. 31　　(단위 : 천원)

계정과목	잔액시산표		결산정리분개		포괄손익계산서		재무상태표	
	차 변	대 변	차 변	대 변	차 변	대 변	차 변	대 변
현　　금	150						150	
현금과부족	30			30				
외상매출금	1,600						1,600	
대손충당금		30		18				48
단기대여금	200						200	
상　　품	300		400	300			400	
관계기업투자주식	3,000		30				3,030	
건　　물	800						800	
감가상각누계액		240		168				408
외상매입금		100						100
단기차입금		300						300
사　　채		500						500
사채할인발행차금	50			10			40	
자 본 금		2,000						2,000
이익준비금		300						300

계정과목	잔액시산표		결산정리분개		포괄손익계산서		재무상태표	
	차 변	대 변	차 변	대 변	차 변	대 변	차 변	대 변
사업확장적립금		200						200
미처분이익잉여금		450						450
매 출		7,000				7,000		
이 자 수 익		80	30			50		
매 입	4,000			4,000				
급 여	600				600			
보 험 료	200			50	150			
소 모 품 비	120			30	90			
이 자 비 용	150		10		190			
			30					
계	11,200	11,200						
잡 손 실			30		30			
대손상각비			18		18			
매 출 원 가			300	400	3,900			
			4,000					
관계기업투자이익				30		30		
감가상각비			168		168			
선 수 이 자				30				30
선급보험료			50				50	
소 모 품			30				30	
미지급이자				30				30
당기순이익					1,934			1,934
합 계			5,096	5,096	7,080	7,080	6,300	6,300

〈재무상태표〉

재무상태표

(주)대연　　20×1. 12. 31　　(단위 : 원)

과 목	금 액	과 목	금 액
현 금	150,000	외상매입금	100,000
외상매출금	1,600,000	단기차입금	300,000
대손충당금	(48,000)	미지급이자	30,000
단기대여금	200,000	선 수 이 자	30,000
선급보험료	50,000	사 채	500,000
소 모 품	30,000	사채할인발행차금	(40,000)
상 품	400,000	부 채 총 계	920,000
관계기업투자주식	3,030,000	자 본 금	2,000,000
건 물	800,000	이익준비금	300,000
감가상각누계액	(408,000)	사업확장적립금	200,000
		미처분이익잉여금 (당기순이익: 1,934,000)	2,384,000
		자 본 총 계	4,884,000
자산총계	5,804,000	부채 및 자본총계	5,804,000

〈당기순이익을 미처분이익잉여금 계정에 대체분개〉

(차) 손 익　1,934,000　(대) 미처분이익잉여금　1,934,000

〈포괄손익계산서〉

포괄손익계산서

(주)대연 20×1. 1. 1 ~ 12. 31 (단위 : 원)

과 목	금 액	
Ⅰ. 매 출 액		7,000,000
Ⅱ. 매 출 원 가		
1. 기초상품재고액	300,000	
2. 당기상품매입액	4,000,000	
3. 기말상품재고액	(400,000)	(3,900,000)
Ⅲ. 매출총이익		3,100,000
Ⅳ. 판매비와 관리비		
급 여	600,000	
보 험 료	150,000	
대손상각비	18,000	
감가상각비	168,000	
소모품비	90,000	(1,026,000)
Ⅴ. 영업이익		2,074,000
Ⅵ. 영업외수익		
이자수익	50,000	
지분법이익	30,000	80,000
Ⅶ. 영업외비용		
이자비용	190,000	
잡 손 실	30,000	(220,000)
Ⅷ. 당기순이익		1,934,000

(3)

〈분개〉

(차)	사업확장적립금	100,000	(대)	미처분이익잉여금	100,000
	미처분이익잉여금	1,200,000		이익준비금	150,000
				배당평균적립금	50,000
				미지급배당금*	500,000
				미교부주식배당금**	500,000

* 미지급배당금은 부채로 계상하였다가, 현금배당을 지급하게 되면 다음의 분개를 해야 한다.

(차) 미지급배당금 500,000 (대) 현 금 500,000

** 미교부주식배당금은 자본조정 항목으로 계상하였다가, 주식을 교부하게 되면 자본금 계정에 대체하는 다음의 분개를 해야 한다.

(차) 미교부주식배당금 500,000 (대) 자 본 금 500,000

〈이익잉여금처분계산서〉

이익잉여금처분계산서

20×1. 1. 1 ~ 12. 31

처분확정일 20×2년 3월15일

(주)대연 (단위 : 원)

과 목	금 액	
I. 미처분이익잉여금		2,384,000
1. 전기이월미처분이익잉여금	450,000	
2. 당기순이익	1,934,000	
II. 임의적립금 등의 이입액		100,000
1. 사업확장적립금	100,000	
합 계		2,484,000
III. 이익잉여금처분액		(1,200,000)
1. 이익준비금	150,000	
2. 배 당 금		
현금배당	500,000	
주식배당	500,000	
3. 배당평균적립금	50,000	
IV. 차기이월미처분이익잉여금		1,284,000

제15장 재무제표의 분석

[15-1]

비 율	계산과정
유동비율	$\frac{\text{유동자산}}{\text{유동부채}} \times 100 = \frac{8,300}{4,200} \times 100 = 197.6(\%)$
당좌비율	$\frac{\text{유동자산} - \text{재고자산}}{\text{유동부채}} \times 100 = \frac{8,300 - 3,300}{4,200} \times 100 = 119.0(\%)$
부채비율	$\frac{\text{타인자본}}{\text{자기자본}} \times 100 = \frac{11,200}{6,800} \times 100 = 164.7(\%)$
이자보상비율	$\frac{\text{영업이익}}{\text{이자비용}} \times 100 = \frac{400}{800} \times 100 = 50(\%)$
자기자본비율	$\frac{\text{자기자본}}{\text{총자본}} \times 100 = \frac{6,800}{18,000} \times 100 = 37.8(\%)$
총자산회전율	$\frac{\text{매출액}}{\text{평균총자산}} = \frac{9,700}{(15,000 + 18,000)/2} = 0.59(\text{회})$
매출채권회전율	$\frac{\text{매출액 또는 신용매출액}}{\text{평균매출채권}} = \frac{9,700}{(3,500 + 4,000)/2} = 2.59(\text{회})$
매출채권회수기간	$\frac{365\text{일}}{\text{매출채권회전율}} = \frac{365}{2.59} = 140.9(\text{일})$
재고자산회전율	$\frac{\text{매출원가}}{\text{평균재고자산}} = \frac{7,500}{(2,500 + 3,300)/2} = 2.59(\text{회})$
평균재고기간	$\frac{365\text{일}}{\text{재고자산회전율}} = \frac{365}{2.59} = 140.9(\text{일})$
유형자산회전율	$\frac{\text{매출액}}{\text{평균유형자산}} = \frac{9,700}{(5,000 + 7,000)/2} = 1.62(\text{회})$
총자산이익률	$\frac{\text{당기순이익}}{\text{평균총자산}} \times 100 = \frac{80}{(15,000 + 18,000)/2} \times 100 = 0.48(\%)$
매출액이익률	$\frac{\text{당기순이익}}{\text{매출액}} \times 100 = \frac{80}{9,700} \times 100 = 0.82(\%)$
자기자본이익률	$\frac{\text{당기순이익}}{\text{평균자기자본}} \times 100 = \frac{80}{(7,000 + 6,800)/2} = 1.16(\%)$

저자약력

이 종 태

부산대학교 상과대학 경영학과(경영학 학사)

일본 와세다대학 대학원 상학연구과(상학 석사)

일본 와세다대학 대학원 상학연구과(상학 박사)

미국 University of Illinois at Urbana-Champaign 객원교수

세무사시험 출제위원

사법시험 출제위원

현재 경성대학교 상경대학 회계학과 교수

〈주요 논문 및 저서〉

資金計算書の諸問題に關する研究(와세다대학 상학박사 학위논문)

현금흐름회계의 이점과 한계

일본의 회계기준 설정주체와 설정과정

국제회계기준 도입의 문제점

유가증권의 시가평가에 대한 비판적 고찰

환서태평양 지역에서의 회계기준의 조화

영업활동현금흐름의 예측능력에 관한 직접법과 간접법의 비교

자산부채접근법에 의한 현금흐름표의 의미 외 논문 다수

회계학과 재무론의 연구방법론(공역, 석정)

법인세무회계(저서, 신지서원)

최신 회계원리 해답

2018년 3월 5일 1판 1쇄 인쇄
2018년 3월 10일 1판 1쇄 발행

저 자 • 이종태
발행자 • 한정주
발행처 • 교육과학사

경기도 파주시 광인사길 71
전화 • 031) 955-6956~8 / 팩스 031) 955-6037
Home-page • http://www.kyoyookbook.co.kr
E-mail • kyoyook@chol.com
등록 • 1970년 5월 18일 제2-73호

정가 7,000원
ISBN 978-89-254-1107-1